KB155550

난,
죽을 때까지
여자로 산다

난,
죽을 때까지
여자로 산다

수지 라인하르트 지음
강혜경 옮김

| 감사의 말 |

우선 나의 인터뷰에 응해준 응답자들께 깊은 감사를 드린다. 그들의 솔직한 답변과 신뢰가 없었다면 이 책은 나오지 못했을 것이다.

또한 물심양면으로 도와주고, 원고를 읽어주고 비판해주고, 가끔 내가 나태함에 빠지려 할 때마다 채찍질 해준 남자친구 기도 베르트 링과 나의 좋은 친구들 나네터 토일리에, 니콜 브레네고와 가비 보첸하르트에게도 고마움을 전한다.

에이전트인 크리스티네 프로스크와 편집자 가비 에른스트 그리고 〈심리학의 오늘〉에서 함께 일했던 우어줄라 누버, 헤이코 에른스트 그리고 올리브 뮐러도 많은 도움을 주었다.

끝으로 이 주제에 대해 좋은 지적과 충고를 아끼지 않던 사비네 헤름스, 엘케 하겐, 엘케 슈나이더, 카렌 브락, 바르하트 야세리, 알렉산드라 그라벨라, 스테파니 스튜르너 그리고 이네스 레만에게도 감사한다.

I

당신도 여기에 속하는가?

당 신 도   여 기 에   속 하 는   가 ?

당신도 그 성가신 질문에 시달린 적이 있는가? 여자는 나이가 많고 적음에 상관없이 아이에 대한 질문을 피해갈 수 없다. 어딜 가든 마찬가지이다. 이제 막 임신한 친구의 생일파티에 갔는데 초대된 친구들이 나만 빼고 모두 아이가 있을 때, 또는 쇼핑을 하다가 우연히 전업주부이자 한 아이의 엄마인 옛 친구를 만났을 때, 그들은 하나같이 인사를 건네기가 무섭게 빠질 수 없는 레퍼토리인 아이에 관한 이야기를 늘어놓는다.

사실 그들의 진짜 관심사는 아이가 아니다. 입으론 아이가 어쩌고 하면서 속으론 그 다음 할 말을 생각한다. 하지만 내 차례가 되어 나는 다른 인생 계획을 갖고 있어서 일부러 아이를 안 가졌다고 말했을 때, 무안한 듯 침묵하는 정도는 그나마 매너 있는 반응이다. 대부분은 이해가 안 된다는 표정을 하거나 심지어 안됐다는 듯이 불쌍하게 쳐다보기도 한다. 그들은 여자는 엄마가 되어보지 않고는 완벽해질 수 없다고 생각하는 것이다. 그래서 우리 같은 여자를 보면 마치 우리가 1등에 당첨된 로또복권을 찢어버렸거나 꿈같은 행운을 짓밟아버리기라도 한 듯이 이상한 눈으로 쳐다보곤 한다.

반대의 상황도 있다. 스스로를 모든 면에서 완벽하고 자립적이고 사회적으로도 능력이 뛰어나다고 생각하는 아이 없는 여자, 제왕절개나 모유수유 같은 단어가 자신과는 거리가 멀다는 사실에 만족하는 여자, 그리고 잠이 안 올 때 제일 먼저 친구들과의 의미 있는 대화나 맛있는 레드와인을 떠올리는 여자를 만나면 우리는 마치 정신적 동반자 같은 그녀와 몇 시간이고 아이를 안 낳는 이유를 늘어놓을 수 있다. 이때는 자신을 변명할 필요가 전혀 없다.

하지만 이건 예외적인 상황일 뿐 그렇게 간단히 지나갈 문제가 아니다. 여전히 사회적 압력이 너무 강하고 아이 없는 여자에 대한 선입견이 크기 때문이다.

1 - 아이를 낳지 않는 여성에 대한 오해

아이를 원치 않는 여성은 끝없이 오해를 받는다. 적당한 남편감을 못 찾았을 거다, 결혼을 안 한 게 아니라 못 한 거다, 누군가를 책임지는 게 두려워서 그렇다, 구속받길 싫어하고 남에게 기대 살아가려는 이기주의자이다, 단순히 아이를 싫어하는 거다 등등.

아이를 낳지 않는 여자에게는 부당하게도 늘 나쁜 소문이 따라다닌다. 이 책은 그런 근거 없는 억측과 편견들에 맞서기 위해 씌어졌다. 이 문제는 사실 생각보다 훨씬 더 복잡하다. 아이를 낳지 않는 여성들이 경제적인 자립과 자신의 일, 또는 자존감에 큰 가치를 두는 건 사실이다. 하지만 그렇다고 그들에 대해 무조건 혼자만 잘 먹고 잘살려 하는 거라 단정 짓고 비난해서는 안 된다.

아이를 낳기로 한 부부들이라고 해서 반드시 사회를 위해, 혹은 타인을 배려하기 위해 그런 결정을 내린 것은 아닐 것이며, 나름대로 자신들의 삶에 장점이 있을 거라고 생각했기 때문일 것이다. 많은 사람들이 아이의 탄생은 삶에 새로운 의미를 부여하고 부부 사이를 더 친밀하게 만들어주거나 일에서 잠시 벗어날 수 있는 절호의 기회라고 생각한다.

또한 아이를 낳지 않는 여성들은 다른 존재에 대해 책임지기 싫어하는 사람들이 아니다. 오히려 다른 사람들보다 사회에 더 관심이 많고 환경운동에 적극적으로 참여하거나 이웃을 위해 봉사한다. 반대로 최소한 20년 가까운 긴 시간 동안 많은 관심과 열정을 쏟아야 할 아이를 한순간의 기분으로 낳는 부모는 과연 얼마나 책임감이 강한가? 독일의 경우 계획을 갖고 태어나는 아이의 비율은 전체 아이의 절반이다. 이런 현실 속에서 과연 엄마가 되는 일이 여자의 인생을 변화시키는 가장 결정적인 사건이라고 할 수 있을까?

2 – 아이를 갖고 싶은 여자들

때론 부모가 전혀 의식하지 못하는 이유로 아이가 태어나기도 한다. 자식을 낳는 일에는 부모의 성격뿐만 아니라 삶에 대한 태도, 친구와 친척들의 기대도 일조한다. 중요한 것은 부모가 아이를 통해 삶의 어떤 변화를 기대하며 또 그 변화가 자신이 세운 삶의 목표와 일치하는가 하는 점이다. 만약 아이가 태어나 생기는 변화가 자신에게 유리하다고 생각되면 아이를 낳는 쪽으로 결정하는 것이 당연하다. 또 아이로 인해 부부 사이가 더 좋아질 거라 믿는다면(밤마다 남편이 술집을 찾아 돌아다니는 대신 일찍 들어와 아이에게 책을 읽어줄 테니) 아이를 낳아야 할 이유가 하나 더 늘게 된다. 하지만 심야 영화를 보고 친구들과 록콘서트에 가거나 담배를 피우는 데 아이가 걸림돌이 된다면 아이를 낳고 싶지 않을 것이다.

　이렇듯 우리는 아이를 낳기 전에 아이가 생기면 힘들어지는 부분이 있는지를 먼저 검토하게 된다. 물론 늘 그렇지는 않다. 가령 멋진 커리어우먼이 되길 원하는 여자는 자녀문제를 과감히 접을 것이다.

기꺼이 그녀 대신에 엄마 역할을 맡을 준비가 된 보기 드문 남편을 만나지 않는 이상은 말이다. 세상에는 아이를 키우는 부모는 절대 꿈꿀 수 없는 다양한 라이프스타일이 존재한다.

직업상 늘 이곳저곳으로 옮겨 다녀야 하는 사람은 사실상 아이를 키우기가 어렵다. 몇 달에 한 번씩 학교를 옮기고 새 친구를 사귀고 심지어 새 언어를 배우는 건 아이에게 매우 피곤한 일이기 때문이다. 또 계획을 세우기보다는 주어진 상황에 맞춰 살려는 경향이 강하고, 다양한 직업과 사람들을 경험하고 싶어하거나, 일주일 내내 빵으로 끼니를 때우려는 사람 역시 이상적인 부모가 될 수는 없다.

또 자신이 자라온 가정환경도 자녀 출산에 영향을 준다. 심리학 교수 유디트 S. 발러슈타인은 이혼한 부모에게서 자란 아이들을 25년 이상 관찰한 결과 흥미로운 사실을 발견했다. 그들에게 가족과 2세에 대해 어떤 생각을 갖고 있는지 물었을 때 특히 2세에 관해 대조적인 현상을 보였다는 점이다. 그들은 절대로 아이를 갖지 않겠다고 대답하거나 혹은 간절히 원한다고 대답했다. 부모의 이혼이라는 똑같은 상황 속에서도 이처럼 완전히 상반된 생각을 갖고 있다는 사실은 흥미롭다.

이밖에도 아이 출산의 가부에 영향을 미치는 부수적인 이유들이 몇 가지 있다. 전체적으로 탁아시설이 충분하거나 아이를 키울 만한 공간적 여유가 있고, 또 출산이 사회적 성공에 큰 방해가 되지 않는다면 여성들은 대개 아이를 낳고 싶어했다.

3 – 여성들은 왜 아이를 포기할까

독일에서는 아이를 낳지 않는 여성의 비율이 점점 높아지고 있다. 현재 가임기 여성의 약 3분의 1가량이 아이가 없고, 고학력자일 경우 그 비율이 훨씬 더 높아 거의 40%에 육박한다. 하지만 그들이 왜 아이 없는 삶을 선택하는지에 대한 상세한 조사는 아직 미흡한 실정이다.

나는 그 이유와 동기에 대해 조사하고자 13명의 여성들을 인터뷰했다. 그들은 30~58세 사이의 여성들로 대개 배우자 또는 동거인이 있었고 여행, 직장생활, 예술 활동 혹은 사회정치적 활동을 통해 삶의 목표를 이루고자 했으며, 아이의 존재가 자신들이 계획한 삶의 방향에 맞지 않거나 심지어 방해가 된다고 생각했다. 그밖에도 남편과 단둘만의 시간이 소중하기 때문이라거나 아이 때문에 전원생활을 포기하고 도시의 아파트에서 살아야 한다거나, 여자가 아니라 어미동물로 전락하고 싶지 않아서 아이를 낳지 않는다고 대답한 이들도 있었다. 또는 가사를 혼자 떠맡게 될지 모른다는 두려움 때문에 아이를 낳지 않겠다고 대답한 사람도 있었다(사실 이건 전혀 근거 없는 두려움이 아니다).

그들은 모두 자아실현이나 자기 정체성을 찾고 행복을 추구하는 것과 엄마가 되는 것을 별개로 생각했다. 특히 우리 사회에는 바로 이 문제와 관련된 수많은 거짓말들이 존재한다. 가령 여자는 엄마가 되어야 비로소 완벽해진다는 이야기 말이다. 그런가 하면 아이를 낳고 싶다는 생각을 한 번도 한 적이 없다는 여자를 외계인처럼 쳐다보는 일도 허다하다.

특히 보편타당하게 받아들여지고 있는 허위사실은 바로 아이를 키우면서도 얼마든지 사회적으로 성공할 수 있다는 주장이다. "유명한 연예인들을 봐. 그들도 아이의 엄마지만 저렇게 훌륭하게 해내고 있잖아!" 게다가 TV 광고까지 그런 거짓말을 부추긴다. 광고에 나오는 여자는 직장에서도 인정받고 집에서도 늘 기분 좋은 엄마로 비춰진다. 10년 전만 해도 여자는 아이와 일 중 하나를 선택하라고 강요받았지만 이제는 둘 다 잘해야 한다. 정말 너무하지 않은가?

이 책은 학술적인 연구와 실제 인터뷰를 통해 여성들이 아이를 낳지 않으려는 이유와 동기에 대해 밝히고 그들의 입장을 옹호하고자 씌어졌다. 특히 엄마가 되는 것에 대해 미화된 거짓들의 실체를 폭로하고 아이를 낳지 않는 여성들에 대한 편견을 없애고자 한다.

어떤 여성이든 자기 삶에서 아이를 위한 자리를 마련할 것인가 아닌가는 스스로 결정해야 하며, 또 할 수 있어야 한다. 아이 없이 살기로 결정해놓고도 때로 고민에 빠지는 여성들에게 이 책이 용기를 주고 힘이 되었으면 좋겠다.

II

아이를 갖지 않는 게 새로운 현상은 아니다

아 이 를 갖 지 않 는 게 새 로 운 현 상 은 아 니 다

1 - 데모크리토스에서 보부아르 그리고 현재로 이어지는 계보

시몬느 드 보부아르는 아이를 원하지 않았다. 그 점에서 아이를 낳지 않으려고 하는 요즘 여성들과 공통점을 갖고 있다. 하지만 피임약이 없었던 그 시대엔 성생활을 아예 포기하지 않는 이상 피임이 결코 쉬운 일이 아니었을 것이다.

'자식의 존재가 여자를 집안에 가두고 자유를 빼앗는다'는 생각은 1949년 시몬느 드 보부아르가 『제2의 성』을 썼을 때 대단히 혁명적이었다. 보부아르는 여성의 사회활동을 옹호하면서 아이를 수준 높은 공교육에 맡길 것을 요구했다. 그리고 생물학적인 특성이 여자를 무조건 엄마의 역할로 밀어넣는 한, 여자는 아이 낳기를 거부해야 한다고 주장했다. 이 책은 프랑스에선 오래전에 출간되었지만 독일에

서는 1970년대 신 여성운동이 일어나면서 본격적으로 읽히기 시작
했고, 그 후로 여성 운동의 이념을 지지하는 가장 중요한 이론서로
인정받고 있다.

하지만 보부아르가 아이 낳기를 거부한 최초의 여성은 아니다. 그
녀 이전에도 자녀에 관한 문제에서 보통 사람들과 다르게 생각한 이
들이 있었다. 가령 고대 그리스의 철학자 데모크리토스(기원전 460~
370년경)도 부모가 되는 것에 반대하는 견해를 피력했다.

아이를 키우는 건 아무도 자신 있게 나설 수 없는 일이다. 잘 키웠다면
그의 삶 자체가 온통 전쟁과 근심으로 가득 찼을 것이고, 잘 키우지 못
했다면 그보다 근심이 훨씬 더 깊었을 것이다.

그 먼 옛날에도 자녀를 낳아 키우는 문제에 대해 많은 고민을 했다
는 것이 참으로 놀랍다. 그때는 확실한 피임 방법이 없어서 정기적인
성생활 후엔 필연적으로 임신할 수밖에 없었으니 말이다. 하지만 그
시대에도 아이를 낳지 않은 사람들이 있었다. 결혼을 할 수 없었던
수녀나 수도사, 또는 높은 직급의 일부 군인들처럼 특별한 직업을 가
진 사람들이 그러했다. 하지만 아이 없이 사는 건 예나 지금이나 여
전히 소수에 불과하며 이혼율이 급증함에도 불구하고 여전히 엄마,
아빠, 아이의 삼각구도는 피하기 힘든 가족관계다.

경제적 공동체에서 소가족 숭배주의로

대부분의 사람들은 봉건사회였던 16세기까지 가족을 중심으로 경제 활동과 가사를 함께하는 공동체를 이루고 살았는데 여기에는 대개 부모 외에 하인과 친척들이 속해 있었다. 이들이 함께 살아야 했던 이유는 생계유지를 위한 노동력이 필요했기 때문이다. 그래서 결혼은 사랑이나 개인적인 호감이 아니라 대개 물질적인 이유에서 이루어졌다.

그런데 놀라운 것은 이 시기에 육아가 여자 혼자만의 몫이 아니었다는 점이다. 아이의 엄마도 다른 사람들처럼 밭에 나가 일을 해야 했기 때문에 가족들 모두가 갓 태어난 아기와 어린 자녀들을 함께 돌봤다. 물론 그 시대의 육아라는 개념은 요즘 사람들의 귀엔 잔인하게조차 들린다. "그 당시 젖먹이 아기를 돌보는 데 가장 흔히 볼 수 있는 광경이란, 꽉 끼는 기저귀를 채워놓고 마냥 혼자 눕혀놓거나 심지어 술 또는 마취제로 잠을 재우는 것이었다"라고 심리학자 크리스티네 칼은 『아이 없이 살기를 원하는 여자와 남자』라는 책에서 쓰고 있다.

요즘 엄마들의 애정이 가득 담긴 육아방식과는 상당히 거리가 멀다. 상황이 이렇게 열악하다 보니 2세 이전의 영아 사망률이 20%나 되는 것도 그리 놀랄 일이 아니다. 하지만 당시 부모들은 다른 육아방법을 알지 못했다.

15세기가 되면서 상류층 여성들 중에는 아이를 돌보는 게 귀찮아 돈을 주고 유모를 사는 경우도 있었다. 그런 경우 당연히 엄마와 아이 사이에 감정적인 밀착관계란 존재하지 않는다. 하지만 다른 사람에게 아이를 맡기고 자유로워지고자 했던 상류층 여성들의 방법은 곧 다른 계층으로까지 확산되었다.

16세기부터 18세기엔 제조업이 성행하면서 가내수공업이 시작되었고, 이와 함께 가내수공업을 하는 가족과 소시민 가족 그리고 대시민 가족의 새로운 가족 형태가 나타났다. 그리고 점차 사적인 호감에 의한 결혼이 성립되었다. 19세기로 접어들자 가족은 더 이상 노동공동체가 아니었다. 거주하는 곳과 일하는 곳이 분리되었고, 한편으로 '공장 노동자 가족'이라는 새로운 가족군이 탄생했다.

이때부터 기혼여성이 추구해야 할 이상형은 오직 하나, 즉 완벽한 엄마가 되는 것이었다. 그리고 밖에서 돈을 벌지 않는 한 가정과 자녀를 책임지는 집안의 군주가 되었다. 아마 여성들 중에는 군주라는 표현 때문에 으쓱해하는 사람도 있을 것이다. 하지만 집안일이란 여성에게 자립심과 자존감을 길러주기 어려울 것이다. 어쨌든 보부아르는 여자도 남자의 하녀 노릇을 하는 데 만족하지 않으려면 스스로 돈을 벌어야 한다고 주장했다.

여성은 어떻게 엄마라는 역할을 맡게 되었나

다시 19세기로 돌아가보자. 남성은 일을 하러 나가고 여자와 아이들은 집에 머물렀다. 아이들은 농장에서 함께 일하지 않게 된 이후로 생계유지를 위한 노동에서 멀어졌다. 오히려 아이들은 추가적인 비용 지출을 초래하는 존재가 되었다. 집은 좁고 양육비는 지속적으로 증가하는 추세 때문에 처음으로 출산율이 떨어지기 시작했다.

이렇게 가족의 형태는 가족이 다 함께 일하던 경제공동체에서 차츰 현대의 시민 소가족으로 변했고, 합법적으로 평생을 함께하는 일부일처제가 원칙인 부부 개념이 정착되었다. 여기에는 당연히 아이들도 속했다. 부부는 각자 다른 성(性)에 맞는 노동 분야에 종사했다. 즉 남자는 밖에서 돈을 벌었고 여자는 집에 머물면서 가족의 건강과 행복을 책임졌다.

1762년 루소의 소설 『에밀』 출간 이후 유아기는 인생에서 의미 있는 발달단계로 인정받게 되었다. 신경질적인 아이를 강보로 꽁꽁 싸매거나 마취약으로 진정시키는 시대는 지나간 것이다. 아이들에겐 참으로 다행스러운 변화가 아닐 수 없다.

그런데 이 변화는 엄마에게도 많은 영향을 끼쳤다. 엘리자베스 벡게른스하임은 자신의 저서 『육아 문제』에서 "엄마는 아이의 성장을 위해 자유를 구속받고 있다"고 썼다. 다시 말해 '아이가 생존하기 위해 얻는 것은 결국 엄마의 희생'이라는 것이다. 왜냐하면 육아를 위한 다양한 일들이 중요한 과제로 강조되면서 엄마의 역할이 엄청나게 커졌기 때문이다.

19세기 중엽이 되자 모성본능이나 자식에 대한 엄마의 헌신적인 사랑을 주제로 한 신화가 최고 절정에 달했다. 심리학자 칼은 "그 시대에는 엄마가 되는 것이 모든 여성들에게 당연한 의무이며 삶의 목표이자 과제였다"고 말한다.

아이 없는 여성들이 겪어야 했던 고통의 시간

이처럼 엄마의 역할과 육아문제가 과대 포장되고 미화되었던 19세기에도 일부 지식층 여성들 중에는 엄마가 되는 것을 삶의 유일한 목표로 삼는 것을 거부한 이들이 있었다. 여자가 오직 아이를 위해서 존재해야 한다는 것은 명백한 구속이며, 엄마가 하는 일이란 온종일 스트레스를 받으며 시간을 빼앗기고 에너지를 소진하는 진부한 일의 반복으로 여겼다고 엘리자베스 벡 게른스하임은 말한다.

하지만 그때만 해도 특수한 직업을 가진 사람을 제외하곤 의식적으로 아이를 낳지 않겠다고 결심하는 일은 드물었다. 믿을 만한 피임방법이 없었기 때문에 결혼을 했는데도 아이가 없는 건 생물학적 불임인 경우뿐이었다. 아이를 낳지 못하는 여자는 주위로부터 부정적인 시선을 받았다. 중세에 불임여성은 신으로부터 저주를 받았거나 벌을 받은 것으로 간주되었다. 특히 아이가 생기지 않는 원인을 거의 여자 탓으로 생각했다. 그래서 아이가 없는 여자는 늘 주위 사람들로부터 경계의 대상이 되었고 심한 경우 마을에서 쫓겨나거나 멸시받았다. 반면 남자는 멸시나 조롱의 대상이 되는 일이 거의 없었다. 여자의 불임은 명백한 이혼 사유로 인정되었다.

이처럼 불임을 배척하고, 아이가 없는 삶은 의미가 없으며 자연에 위배되는 일이라는 관념이 뿌리 깊이 박혀 있었다. 이런 생각은 지금까지도 크게 달라지지 않았다.

아직도 아이 없는 여성은 비정상적인 취급을 받는다

1950년과 1965년에 유럽 대륙을 휩쓸었던 베이비붐은 아이 없는 여성의 마음을 더욱 무겁게 만들었다. 사람들은 시간이 갈수록 그들의 생활방식을 배타적인 시선으로 바라보았다. 지금까지도 그들은 쇼핑 중독자나 공주병 환자, 이기주의자, 신경과민증 환자 등으로 오해받는 일이 허다하다. 또 아이를 갖지 않는 사람은 물질 만능주의자이거나 명예욕이 지나치게 강하거나 여자답지 못하다(또는 남자답지 못하다)고 말하는 사람들도 있다. 크리스티네 칼은 계획적인 피임에 관한 논문에서 "오늘날까지 그런 여자들은 사회로부터 부정적인 낙인이 찍히거나 부당한 대우를 받고 있다"고 밝혔다.

이것이 현실이다. 과연 이유가 무엇일까? 엄마가 된다는 것은 여자의 인생에서 대단히 결정적인 사건이다. 따라서 자신의 삶을 아이를 위해 완전히 바꿀 것인지 아닌지를 여자 스스로 결정할 수 있어야 한다. 아이를 낳지 않는 여자들은 이제 막 부모가 된 사람들에게, 너무나 길고 힘들며 결말이 불확실한 일을, 앞으로 최소 50년간 재정적인 출혈과 온갖 희생을 감수해야 하는 비이성적인 그 일을 왜 시작했냐고 비난하지 않는다. 젊은 가족이 멋진 2인승 스포츠카 대신 펑퍼짐한 콤비를 탄다고 놀린 적도 없다. 최근에 본 영화 이야기 대신 자기의 아기 자랑만 지루하게 늘어놓는 부모를 비웃은 적도 없다. 그렇다. 아이 없는 여자들은 그렇게 뻔뻔하지 않다.

그럼에도 우리가 아이를 낳아야 한다고 주장하는 이들에게 근거 없는 부당한 말들을 묵묵히 들어야 한다는 건 정말 억울한 일이다. 근거 없는 소문을 퍼뜨리고 욕하는 다수의 사람들은 블록 쌓기나 포켓몬 이름 외우기에 바빠 동창모임에는 거의 얼굴조차 비치지 않는다. 게다가 더욱 놀라운 것은 임신해서 스트레스를 받고 가족행사 때문에 힘들어 죽겠다고 투덜대고, 하루 종일 아이한테 시달려 파김치가 된 부모들이 아이 없는 사람들을 불쌍하게 여긴다는 사실이다.

그들은 우리가 자식을 낳고 번식시키는 일을 거부하는 한 행복해질 수 없다고 굳게 믿고 있다. 그리고 인생에서 가장 멋지고 의미 있는 일을 스스로 포기하는 바보라고 생각한다. 과연, 정말 그럴까?

2 - 여자는 모두 엄마가 되기 위해 태어났다는 거짓말

정말 아이를 낳지 않는 건 인생 최고의 행복을 포기하는 것인가? 엄마 역할을 통해 인격을 다듬을 수 있는 어마어마한 기회를 내던져버리는 것일까? 여자에게 지극히 정상적이고 자연스러운 본능을 거부하는 걸까? 진정 임신을 하지 않는 것은 여자의 본성에 위배되는 행동인가? 과연 그럴까?

이제 나는 그런 생각들이 대단히 잘못된 착각이라는 걸 보여주고자 한다. 자연은 여자를 처음부터 엄마가 되도록 규정해놓았기 때문에 여자에겐 자동적으로 모성본능이 존재한다는 개념은 터무니없는 신화일 뿐이다.

이 잘못된 믿음의 뿌리는 머나먼 과거로 거슬러 올라간다. 19세기의 남자 의사들은 난소와 자궁이 여성의 중심이 되는 가장 중요한 기관이라고 생각했다. 당시 이론에 따르면 여성적인 특성이 모두 이 생식기관에서 비롯된다는 것이다. 다시 말해 타인을 돌보고 배려하는 것, 그리고 특히 남을 먼저 위하고 생각하는 능력이 여성의 난소와 자궁에서 나오기 때문에 이것은 여성 본연의 특성이라는 것이다. 그리고 엄마가 되는 것은 여성으로서 완성됨을 의미했다. 그래서 아이를 낳은 여성은 풍요롭고 고귀한 축복을 받았다고 느꼈다.

40년 전까지만 해도 여자는 태어나면서 출산하도록 정해져 있었다는 이데올로기를 의심하는 사람이 거의 없었다. 하지만 1960년대 들어 여성들이 서서히 가정과 가족의 틀을 넘어서면서 생각이 변화하기 시작했다. 여성운동은 '모성신화(여자는 엄마가 되도록 정해져 있다는 믿음)'와 '모성의 강요'에 반기를 들었다. 그들은 '내 배의 주인은 나다' 또는 '아이를 낳을지 안 낳을지는 내가 결정한다'와 같은 슬로건을 내걸고 자기 몸에 대해 스스로 결정할 수 있는 권리를 요구했다.

원숭이와의 비교

그때까지 학자들은 유인원의 예를 들며 여성의 자발적 희생에 대한 증거라고 주장했다. 그들은 어미원숭이가 새끼에게 얼마나 자주 다가가는지, 핥아주거나 안아주거나 젖을 먹이는지 기록했다. 관찰 결과, 엄마 원숭이는 거의 하루 종일 새끼를 돌보는 일에만 열중하는 것으로 나타났다.

하지만 그들의 보고서에는 어미와 다른 무리 간의 접촉이나 소통에 대해서는 아무런 언급이 없다. 단순히 유인원이 인간의 유전자와 97%나 일치하기 때문에 인간도 유인원과 유사하게 본능적으로 자식을 돌볼 것이라고 생각한 것이다.

어미원숭이들이 실험 기간 동안 우리 안에 새끼들하고만 있었다는 사실이 밝혀진 것은 그로부터 한참 후의 일이었다. 그 후 행동 연구가들은 자연적인 환경에선 어미원숭이가 하루 종일 새끼만 돌보지 않는다는 것을 알았다. 어미원숭이들은 공동체 생활에 잘 참여하면서도 한편으론 개별적으로 행동했다. 인류학 교수인 사라 블라퍼 흐르디는 『엄마인 자연』이라는 저서에서 "어미원숭이들도 전략적으로 결정을 주도하는가 하면 기회주의적이었고, 또한 이익에 따라 행동했고, 필요하다면 서로 협력하기도 했다"고 밝혔다.

출산은 기쁨과 감격의 원천

막 아이를 낳은 엄마는 어떤 느낌이 들까? 아마 사람마다 다를 것이다. 영화나 텔레비전을 보면, 흔히 자기 아기를 처음 보는 순간 엄마는 기쁨의 눈물을 흘리고 감격한다. 하지만 이는 실제 분만실에서 볼 수 있는 전형적인 광경은 아니라고 인류학자 벤다 트레바탄은 주장한다. 그녀는 여러 민족들의 분만 현장을 관찰한 결과, 의외로 많은 엄마들이 분만 직후 아이에 대해 소극적인 태도를 보인다는 것을 발견했다.

남미의 한 종족은 심지어 엄마가 목욕을 끝낼 때까지 신생아를 한쪽에 뉘어놓고 전혀 신경을 쓰지 않는다고 한다. 그리고 몇 시간 후나 다음날이 되어서야 아기를 가슴에 안고 돌보기 시작한다는 것이다. 이와 비슷한 맥락으로 다른 학자인 브리기테 조단 역시 멕시코 마야 종족의 반응에 대해 이렇게 보고하고 있다. "그들은 아기가 태어난 후 아무런 반응도 보이지 않고 웃지도 않는다. 아무 말도 하지 않고 탄성도 지르지 않는다."

그렇게 행복한 출산을 하고서 아무런 느낌이 없다니, 도대체 말이 되는 걸까? 새 생명이 태어난 것에 대해 기쁨의 눈물을 쏟고 감격스러워하는 우리 엄마들은 도저히 이해할 수 없다고 말하는가? 그렇지 않다. 출산 후 엄마가 무덤덤한 반응을 보이는 모습은 비단 마야 종족에게서만 발견되는 것이 아니다. 영국 의사들의 보고에 따르면 유럽의 산모들 중에도 멕시코 산모들처럼 태어난 아기를 보고 아무런 느낌이 없었다고 말하는 경우가 있다고 한다. 흐르디는 건강하고 재정적으로 안정된 기혼 여성들의 분만 과정과 출산 직후 모습을 지켜보던 연구자들이 산모들의 무덤덤한 표정에 매우 당황했다고 전한다.

특히 첫 출산을 하는 산모 40%가 처음 아기에 대해 특별한 애정을 느끼지 못한다고 한다. 그리고 이미 출산 경험이 있는 산모들 중에도 25%는 아기에 대해 무관심했다. 출산 후 며칠, 몇 주가 지난 후에야 자기 자식에 대한 애정이 생기기 시작했다. 그러니까 이들의 경우 아기에 대한 엄마의 관심과 애정이 시간이 지나면서 서서히 생겼다고 할 수 있다. 그리고 이 관심은 아기와 다른 사람들에 의한 외부적인 자극에 기인한다.

흐르디는 이렇게 말한다. "아기를 키우는 일은 엄마 자신으로부터 동기가 유발되고 지탱되어야 한다. 여자는 본능적으로 아기를 사랑하고 자기가 낳은 자식을 저절로 키우게 되어 있다는 주장은 옳지 않다.”모성애의 결핍은 인간에게서만 발견되는 현상이 아니다. 처음 출산을 한 어미원숭이의 경우에도 갇힌 상태에서 다른 원숭이들이 새끼와 전혀 접촉하지 않으면 '소홀하고 성의 없는 엄마의 모습'을 보였다고 한다.

사회학 교수인 요한 A. 슐라인도 모든 산모가 갓 태어난 자기 자식을 저절로 돌보게 되어 있다는 생각은 틀렸다고 주장한다. 그에 따르면 대부분의 어른이 아기를 보면 애정을 느끼지만 그것이 출산한 엄마의 당연하고 자연스러운 태도는 아니라는 것이다. 신생아를 대하는 방식은 나라마다 다르고 이에는 문화적인 특성이 반영되어 있다. 예를 들어 갓 태어난 새끼를 본능적으로 핥아주거나 그 배설물을 먹는 다른 포유동물과 달리 인간은 아기에게 코코넛 오일이나 올리브 오일 또는 옥수수가루나 석탄, 소똥, 무화과즙 또는 양의 기름을 바른다.

모성애는 유전적 요소가 아니다

이런 사례들은 모성애가 엄마에게 당연하고 본능적인 요소가 아님을 보여준다. 다시 말해 모성애는 사람의 눈동자 색처럼 처음부터 유전자에 의해 정해져 있지 않다는 것이다. 갈색 눈동자를 가진 사람에 대해 그가 어떤 행동을 하든, 어떤 경험을 하고 어떤 문화 속에서 자라든 상관없이 갈색 눈으로 세상을 바라본다고 말할 수는 있어도 그가 나중에 아이를 낳으려고 할지 안 할지는 알 수 없다. 왜냐하면 자식을 원하게 될지 아닐지의 여부는 유전자에 의해 미리 정해져 있지 않기 때문이다. 실제로 아이를 원하지 않는 여성 중에는 아이를 갖고 싶다는 마음이 한 번도 들지 않았다는 여성도 있다.

■ 모니

만 38세. 함부르크 거주. 여성복 전문 디자이너. 8년째 동거생활.

열아홉 살 때 딱 두 달을 빼곤 지금까지 한 번도 아이를 갖고 싶다는 마음이 든 적이 없었어요. 두 번의 낙태 이후 서른이 될 때까지 계속 피임약을 먹었죠. 늘 저는 절대로 아이를 낳지 않겠다고 입버릇처럼 말하곤 했거든요. 그러다가 서른두 살이 되면서 좀 신중해졌어요. 왜냐하면 저처럼 절대로 아이를 낳지 않겠다고 노래를 부르던 친구들이 어느 날 갑자기 아이를 갖고 싶다고 말하는 걸 들었기 때문이었죠. 그런 극단적인 심적 변화가 호르몬 때문이라면 제게도 그런 순간이 올지 모른다는 생각이 들었어요. 하지만 어쨌거나 지금까지는 아이를 원하지 않는다는 마음에 변함이 없어요. 세상 어딘가에 이 세상 엄마들을 예리하게 감시하는 여자도 필요하지 않겠어요?

■ 카렌

만 44세. 베를린 거주. 교육학 전공. 프리랜서 작가로 스릴러물을 주로 쓴다. 15년째 동거생활.

지금까지 단 한 번도 아이를 낳거나 키우고 싶은 마음이 든 적이 없었어요. 아주 어릴 때부터 가족을 이루고 사는 것이 내겐 맞지 않는다고 생각했거든요. 아직까지 어린아이가 지나갈 때 돌아본 적이 없어요. 동물은 종류를 막론하고 너무 좋아해서 보는 즉시 달려가서 만지고 쓰다듬어주곤 하지만 아이한테는 그런 감정이 생기질 않아요. 제가 이상한 걸까요? 모르겠어요. 설사 제가 이상하다고 해도 별로 걱정되진 않아요. 어쨌거나 엄마가 되고 싶다는 본능이 제겐 없는 것 같아요.

■ 질케

만 38세. 함부르크 거주. 사회교육학 전공. 정신적인 문제가 있는 여성들을 상담해주고 도와주는 일을 하고 있다. 현재는 싱글.

제 기억에 지금까지 한 번도 아이를 원해본 적이 없는 것 같아요. 전 아이 없이 저만의 인생을 살고 싶어요. 그렇다고 아이를 싫어하진 않아요. 제 조카들과 함께 어울리고 아이들의 성장을 지켜보는 건 정말 즐거워요. 하지만 제 개인의 삶에는 아이에 대한 계획은 들어 있지 않아요. 아이를 갖고 싶다는 본능이나 간절한 마음이 전혀 없어요. 설령 결혼을 한다 해도 다르진 않을 거예요. 제게 아이는 부부 간 사랑의 일부가 아니거든요. 다른 여자들이 자기 아이에 대해 이야기할 때마다 저는 이런 생각을 해요. 그들이 전혀 부럽지 않다고. 내게 주어진 자유를 만 끽하면서 얼마든지 행복하게 살 수 있다고 말이죠.

여자는 무조건 아기를 좋아해서 심지어 본능적으로 아기를 친모로 부터 **빼앗아오고** 싶어한다는 건 모두 헛된 망상일 뿐이다. 위의 세 사람 외에도 자기 아이를 갖고 싶다는 마음이 든 적이 전혀 없다는 여 성들이 많다. 더욱이 임신을 한다고 해서 그 아이를 저절로 사랑하게 되는 것은 결코 아니다. 엄마로서의 역할을 거부할 수도 있다. 나라 와 시대를 불문하고 낙태를 하거나 출산 후 아기를 버리는 것이 그에 대한 증거가 아닌가.

이런 사실들이 엄연히 존재함에도 불구하고 여전히 여자는 당연 히 엄마가 되도록 만들어졌고 모두가 자기 아이를 갖고 싶어한다는 생각이 보편화되어 있다. 그래서 사람들은 여성에게 타인을 돌봐주 고 싶은 본능 같은 건 없다는 사실을 알면 무척 놀란다. 우리 사회에 서 도덕이나 보살핌, 신뢰, 조건 없는 사랑은 모두 모성의 동의어로 통하기 때문이다. 특히 모성애는 냉정하고, 이성적인 행동이 비판받 고, 일자리를 얻기 위한 싸움이 치열해지는 곳일수록 크게 강조되고 있다.

바바라 빈켄은 『독일의 어머니』에서 "우리는 모성애로 가득 찬 가족이 우리의 건강한 미래를 보장할 거라는 믿음을 버려야 한다"고 했다. 또 "차갑고 이기적이며 남성적인 세계와 가족적인 삶을 대립시키고, 나아가 사회적으로 성공한 여성과 집에서 아이를 돌보는 주부를 대립적으로 보는 시각을 버려야 한다"고 말한다.

아이를 원하지 않거나 자기 시간을 아이와 보내고 싶어하지 않는다고 해서 성공밖에 모르는 냉혈한이나 본성을 거역하는 여자라고 몰아붙여선 안 된다. 내가 인터뷰한 여성들 대부분은 자기 아이를 가져야 할 필요성을 전혀 느끼지 못했다. 그들은 한 번도 그런 마음을 느끼지 못했거나 또는 엄마가 되고 싶다는 막연한 마음이 아주 잠깐 들었을 뿐이라고 했다. 그리고 유모차를 보면 무조건 달려가서 뽀뽀를 해주고 싶을 만큼 아기를 예뻐하진 않는다고 하는 이도 있었다. 이것은 지극히 정상적인 현상이다.

3 – 아이를 낳을까, 말까?

모성본능은 사회가 지어낸 허구일 뿐이다. 모든 여성들이 자손번식을 원하게 되어 있다는 식의 종족보존 본능도 마찬가지다. 이 사실에 확신을 갖게 만든 건 내가 인터뷰한 13명의 여성들뿐만이 아니었다. 아이가 없는 사람들 중 다수가 자기 아이를 낳고 싶다는 소망 자체를 느끼지 못한다고 했다. 또는 여러 가지 상황 때문에 아이를 낳기 힘들다고 대답한 사람도 있었다. 이처럼 아이를 낳고자 하는 마음이 선천적인 것이 아니라면, 아이를 원하거나 또는 원하지 않는 다른 이유가 있을 것이다.

외적 상황과 내적 가치관

미국의 사회심리학자 호프만이 정립한 '아이의 가치(Value of children)'라는 모델은 아이를 갖고 싶은 소망이 어떻게 생겨나며 언제 아이를 낳게 되는지를 잘 설명해준다. 그 외에도 많은 학자들이 2세를 낳는 데 영향을 주는 다양한 요소들을 연구했다.

우선 외부로부터 받는 영향들을 살펴보면 대개 아이를 갖고자 하는 소망이 아이의 가치를 일률적으로 못박아놓은 사회와 그 사회에서 각자가 갖고 있는 경제적, 사회적 지위와 관련이 깊었다. 그리고 내적인 원인으로는 아이의 존재에 얼마만큼의 가치를 두느냐가 중요했고, 그 다음으로 아이로 인해 소요되는 '비용'이 문제가 되었다. 여기에서 비용이란 꼭 금전적인 지출뿐만 아니라 아이 때문에 포기해야 하는 모든 것이 포함된다.

세 번째로는 남과 다른 삶, 즉 아이가 없는 삶을 상상하고 감당할 수 있는가 하는 점이다. 그리고 마지막으로 출산 문제를 수월하게 해주거나 또는 어렵게 만드는 여타 조건들이나 장애물도 영향을 끼쳤다. 배우자가 아예 없거나 또는 배우자가 불임일 경우 여성에게 출산은 힘든 선택이었다. 그리고 배우자가 아이를 원하지 않는 경우에도 마찬가지였다.

아이 때문에 인생 경로가 바뀐다

심리학자 크리스티네 칼은 앞서 언급한 연구를 통해 아이를 원하는지 아닌지는 각 개인의 소망과 가치 그리고 삶의 목표에 따라서도 달라질 수 있음을 발견했다. 특히 중요한 것은 아이로 인해 나의 삶이 어떻게 달라지리라 예상하는지 그리고 그 변화가 나를 행복하게 만들 수 있는지 하는 점이다. 아이를 낳을지 말지 결정하는 데 영향을 주는 건 이타주의나 세상을 더 나은 곳으로 만들겠다는 박애정신이 아니다. 그저 아이를 통해(또는 아이가 없음으로 인해) 얻게 되는 개인적인 이점이나 불리한 점이 더 직접적인 영향을 미친다.

가령 아이가 소홀해진 부부 사이를 더 견고하게 만들어줄 거라 믿는다면, 오후를 다른 엄마들과 놀이터에서 보내거나 또는 잠시 회사를 쉬는 것도 감수할 수 있을지 모른다. 이런 경우라면 아이를 낳을 가능성이 크다. 사회학자 귄터 부르크하르트는 많은 여성들이 실제로 임신을 노동시장에서의 치열한 경쟁에서 잠시 벗어나기 위한 수

단으로 이용하고 있다고 주장한다. 아델하이트 뮐러 리스터도 『아이가 내 삶에 맞는가?』라는 책에서 "많은 여성들이 노동시장의 냉혹한 현실과 맞서야 할 때 임신을 한다"고 주장했다.

하지만 아이를 원하지 않는 여성들에겐 경쟁이 치열한 직장생활보다 24시간 내내 아이를 돌보는 것이 더 힘들다. 심지어 아이를 키우는 상상만 해도 끔찍하다고 말하는 여성들도 있다. 이들은 자기 미래를 설계할 때 당연히 아이 문제에 대해 부정적이다. 또 아이는 엄마를 집에 꽁꽁 묶어두고 록 콘서트나 카드놀이도 포기하도록 만드는 존재라고 생각하는 여성도 2세를 포기하는 쪽으로 결정내릴 것이다.

칼은 여기에서 또 하나의 관점을 발견했다. 아이를 낳고 싶은 소망과 상충되는 삶의 영역이 있는지를 검토하는 이들이 있다. 실제로 아이를 의도적으로 갖지 않는 사람들 중에는 아이가 있었다면 거의 실현 불가능했을 삶의 목표를 갖고 있는 사람들이 있다. 사회적인 성공과 아이를 모두 원하는 여성은 주부 역할을 대신 해줄 배우자나 베이비시터를 쓸 수 있는 추가적 돈이 필요하다.

그리고 지나치게 자유분방한 생활을 하거나 자유와 모험을 즐기는 것도 아이를 키우는 일과는 병행하기 어렵다. 한 곳에 정착하지 않고 늘 여러 곳을 떠돌아다니고 싶어하거나 장기적인 탐험을 즐기고자 하는 사람도 아이를 키우기는 어렵다. 아이들을 1년에 몇 번씩 친한 친구도 없고, 경우에 따라 의사소통도 불가능한 새로운 환경에 밀어

넣을 수는 없기 때문이다. 또한 어린아이와 장기간 세계여행을 하는 것도 추천할 만한 일은 못 된다. 관광가이드라면 당연히 아이가 있는 부모에게 배낭을 짊어지고 남인도를 가로지르는 모험 대신 마요카 섬의 편안한 호텔이나 값비싼 패키지여행, 아니면 편안한 시골 농가를 권할 것이다.

즉흥적이고 유동적인 삶을 살고 싶어하거나, 매일매일 정신없이 바쁘게 살아야 하거나, 완벽하게 정돈되고 멋지게 꾸며진 집을 중요하게 생각하는 사람이라면 아이가 생겼을 때 많은 부분을 양보하고 타협할 각오를 해야 한다. 이처럼 삶의 목표가 엄마, 아빠, 자녀의 관습적인 구도와 너무 맞지 않을 때는 아이를 아예 원하지 않거나 충분히 고민한 뒤 포기하기도 한다. 그 대신 자기에게 맞는 생활습관을 유지하면서 더 중요한 다른 경험을 위해 필요한 시간과 에너지를 확보할 수 있기 때문이다.

따라서 아이를 원하는지 아닌지는 아이가 있는(또는 없는) 미래의 시간이 어떤 모습일지에 따라 달라진다. 물론 삶이 실제로 어떻게 변할지는 아무도 알 수 없기 때문에 그저 예상과 추측만으로 결정내릴 수밖에 없다. 하지만 임신을 결정짓는 모든 동기들이 항상 충분히 심사숙고되고 이성적으로 판단된 것은 아니다. 한때의 기분으로 결정을 내리거나 어릴 때의 경험이 임신을 결정짓기도 한다.

자기 부모와의 관계도 중요한 역할을 한다

자기 부모와 가족들이 어떠했는지도 영향을 끼친다. 먼저 제발 손주를 안아보게 해달라고 끝없이 졸라대는 부모나 시부모를 생각해볼 수 있다. 하지만 더 중요한 건 자신과 부모의 관계, 또는 부모가 가족 안에서 어떤 존재였으며 또 어떤 역할을 어떻게 해냈는지 하는 것이다. 우리 대부분은 부부관계나 아이를 다루는 법에 대해 자기가 태어난 가족으로부터 제일 먼저 배우기 때문이다.

■ **마를레네**

> 만 41세. 12년 동안 동거하다가 4년 전에 결혼을 했고 현재 공동 소유의 집에서 살고 있다.

우리 부모님은 50년간 전통적인 부부의 삶을 살았어요. 어머니는 주부로 아버지는 직장인으로 살아오셨죠. 정년퇴직을 하실 때까지 아버지는 오로지 한 가지 일만 하셨어요. 우리 두 남매는 그런대로 잘 지낸 편이에요. 다만 부모님은 너무 엄하셨고 가끔 매질도 하셨죠. 그게 올바른 교육이라고 믿으셨기 때문이에요. 이젠 부모님이 우리를 매우 사랑하셨다는 걸 알아요. 그분들은 아직까지도 칭찬이나 기쁜 마음을 잘 표현하지 못하시죠. 그런데 그건 우리 할머니 할아버지를 봐도 마찬가지죠.

남편과의 결혼생활은 제 삶에 온기와 사랑을 불어넣어 주었고 그래서 너무 행복해요. 우리는 아이가 생긴다면 적어도 우리 부모님과는 다른 방식으로 키울 거예요. 남편을 통해 저도 그렇게 할 수 있다는 것을 배웠죠. 예전에는 저도 혹시 아이를 감당하기 힘들 때 우리 부모님처럼 매를 들거나 가혹하게 다루지 않을까 걱정을 한 적도 있어요.

한번은 이런 일이 있었어요. 부모님이 크게 다투셨는데 평소에는 늘 어머니가 굽히시는 편이었거든요. 그런데 그날따라 어머니도 큰소리를 내셨어요. 마지막에 아버지는 어머니께 돈을 버는 건 당신이니까 당신 말에 복종해야 한다고 소리치셨어요. 그때 난 나중에 결코 저런 말을 듣지 않겠다고 결심했죠. 그리고 그 결심처럼 현재 일을 하고 있어요. 비록 철부지였던 시절, 맘속으로 했던 맹세지만 평생 잊지 못할 거예요. 남편과 무척 잘 지내긴 하지만 절대로 경제적으로 매이는 일은 없을 거예요.

아이를 낳지 않는 여성들 중 상당수가 자기 어머니의 삶을 반복하고 싶지 않다고 말한다. 심지어 기혼의 아이 있는 여성들이 과거에 오로지 남편에게 기대고 의존하며 살았던 것을 생각하면 끔찍하다고 말하는 여성들도 있다. 그들은 비장한 얼굴로 "결코 내 어머니처럼 살진 않겠다"고 결심한다.

■ 브리기테

47세. 함부르크 거주. 오랫동안 동거하다가 1년 전에 결혼.

제게는 언니와 여동생이 있어요. 우리 아버지는 바깥일을 하셨고 어머니는 집에서 살림을 하셨죠. 그렇게 38년을 살아오시다가 10년 전에 결국 이혼하셨어요. 어머니는 그때 집을 나간 후로 죽 자립적인 생활을 하시고요. 어머니는 아마 전업주부로서의 삶이 만족스럽지 않았나봐요. 어머니가 결혼을 하신 이유는 남편으로부터 부양받기 위해서였죠. 교육이란 걸 제대로 받아본 적이 없으니 어쩌면 당연한 일이죠. 게다가 아이들까지 줄줄이 태어났으니 그 생활에서 벗어나기가 더욱 어려우셨을 거고 그래서 그냥 꾹 참고 사셨던 것 같아요. 그렇다고 우리 부모님 사이가 늘 나빴던 건 아니에요. 하지만 어머니는 지금이 훨씬 더 행복하신 것 같아요. 이혼 당시 어머니는 쉰 살이 넘으셨는데도 당신이 하고 싶은 일을 하며 살 수 있는 삶을 선택하셨어요. 외국어도 배우고 지금은 체조협회에도 가입하셨죠.

어머니는 아이들은 그저 내버려두면 저절로 크는 거라고 생각하셨대요. 아이들을 어떻게 대해야 하는지 어떻게 보살펴야 하는지, 전혀 모르셨던 거죠. 그래서 아이를 셋이나 낳았지만 육아는 수월해지지 않고 늘 스트레스였다고 하셨어요.

■ 산드라

30세. 쾰른에서 편집자로 일하고 있다. 현재는 솔로지만 오랫동안 동거를 한 경험이 있다.

우리 부모님도 전통적인 역할분담의 전형적인 사례였죠. 아버지는 일을 하셨고 엄마는 살림만 하셨으니까요. 저와 제 쌍둥이 동생들 때문에 직장을 포기해야 했던 엄마는 늘 아쉬운 마음이 들었나봐요. 자녀들과 의견 충돌이 있을 때마다 엄마는 유난히 힘들어 하셨어요. 어린 저도 어렴풋이 그걸 느꼈었고요. 그리고 알게 모르게 우리를 원망하시는 것 같았어요. 너희들 때문에 직장도 포기하고 집에 갇혀 사는데 너흰 조금만 있으면 각자의 삶을 찾아 나갈 것 아니냐고. 하지만 당신은 예전처럼 다시 갈 곳이 없다고 하셨죠.

엄마는 예전에 비서로 일하셨는데 우리를 돌보느라 집에 계신 동안 바깥 사무실 환경이 완전히 달라졌던 거예요. 가령 이젠 타자기를 쓰지 않고 거의 모든 업무를 컴퓨터로 해야 한다든가 하는 거요. 우리가 어느 정도 자랐을 때 엄마는 다시 직장에 나가려고 했지만 쉽지 않았어요. 엄마는 아직도 그때 직장을 그만둔 걸 후회하세요. 주부로서의 역할은 전혀 성격에도 맞지 않고 더군다나 쓸고 닦는 일을 너무 싫어해서 제가 대신 할 때가 많았죠. 하지만 전 그런 엄마를 이해해요. 사실 저도 엄마랑 비슷한 타입이거든요. 일상이라는 작은 울타리 안에서 엄마가 얼마나 불행했을지 충분히 짐작이 가고도 남아요. 그래서 전 나중에 전업주부이자 엄마로 살면서 남편이나 아이들을 원망하는 일은 없어야겠다고 결심했죠. 특히 그게 아이들에게 얼마나 끔찍한 느낌인지 겪어봐서 잘 아니까요.

■ 바바라

41세. 오래 사귄 남자친구가 있다. 하지만 한 집에서 살고 있진 않다. 교육학을 전공했으며 현재 문학평론가로 활동 중이다.

전 주민 수가 1,500명밖에 안 되는 작은 시골마을에서 자랐어요. 제겐 네 살 많은 오빠가 있어요. 오빠와 전 부모님의 세심한 보살핌 속에서 자랐어요. 엄마는 늘 가족을 위해 최선을 다하셨고 잔소리가 좀 많은 편이었어요. 그리고 물론 전업주부셨죠. 그런데 전 늘 남편과 아이들을 위해 당신의 몸을 아끼지 않는 희생적인 엄마의 모습이 왜 끔찍하게 느껴졌을까요?

물론 아이를 낳지 않는 여성들이 모두 자기 어머니의 삶을 부정적으로 생각하는 것은 아니다.

■ 킴

41세. 기자이며 현재 함부르크에서 음악과 철학을 공부하고 있다. 동물 보호운동에 앞장서며 자신을 비의회적 좌익행동주의자라고 소개했다.

우리 엄마는 오직 가족밖에 모르고 의존적이고 자의식이 약한 타입과는 거리가 멀어요. 의류업계 사장이었던 엄마는 불가능한 것을 가능하게 만드는 대단히 열정적인 사람이었죠. 물론 그만큼 치러야 했던 대가도 만만치 않았어요. 일을 하면서 두 아이도 키워야 하셨으니까요. 우리 집에서 주도권을 가진 것도 엄마였어요. 그렇다고 아버지가 살림을 하신 건 아니에요. 아버지는 직장인이셨죠. 우리 엄마는 자의식이 아주 강한 여성이었고, 전 그런 엄마의 모습을 부정적으로 여기지 않아요.

출산 계획이 없는 여성뿐만 아니라 엄마가 되고 싶어하는 여성도 자신의 미래가 어떤 모습일지는 전혀 알지 못한다. 그런데도 불투명한 미래 속으로 뛰어들어 자신의 삶을 오직 자식을 위해 바치겠다는 여성들에겐 그럴 만한 이유가 있다.

엄마가 되고 싶어 하는 세 가지 이유

철학교수 디터 토뫼는 부부가 아이를 원하게 되는 이유를 분석한 결과 다음의 결론을 얻었다. 아이를 원하게 되는 첫번째 이유는 바로 "자식을 낳음으로써 자신이 완전한 어른, 성숙된 인간이라는 것을 증명하고 싶어서"라고 한다. "자기 부모로부터 완전히 독립하고 싶을 때 스스로가 부모가 되는 것보다 더 확실한 방법은 없다." 이런 동기로 아이를 갖는 사람은 성인으로서 자신의 위상을 높이고자 하는 욕구가 강하다. 하지만 이런 사람이 정말 아이를 좋아하고 부모 역할을 제대로 해낼지는 알 수 없다.

두 번째 이유는 자식이 행복한 부부의 '사랑의 징표이며 결실'이라고 믿기 때문이다. 여기에서 아이는 부부를 하나로 결속시키는 존재이자 사랑하는 부부관계가 가시화된 존재이다. 그리고 그 결실에는 아이와 함께 만들어진 새로운 삶도 포함되어 있는 것처럼 보인다. 하지만 토뫼는 이런 부모들은 '아이의 탄생과 함께 서로 하나가 되기'를 기대하지만 실제로는 하나가 아니라 삼각관계가 된다는 것을 모른다고 지적한다. 오히려 강하게 결속되어 있던 부부관계가 아이로 인해 차츰 분리된다.

아이를 갖고 싶어하는 세 번째 동기에는 놀랍게도 아이 자체에 대한 배려가 전혀 없다. 즉 자식을 '위기에 빠진 부부관계를 극복하기 위한 수단'으로 이용하는 경우다. 토뫼는 실제로 부부가 아이를 통해 새로운 관계를 갖게 되는 경우가 꽤 있다고 말한다. 부부는 새롭게 몰두할 수 있는 일이 생김으로써 삭막하고 공허해진 삶에서 새로운 자극을 얻는다. 하지만 이런 이유로 아이를 가진 부모는 태어나기 전부터 아기에게 어렵고 부담스러운 과제를 안겨주는 것이다. 즉 부모 두 사람의 관계를 회복시켜야 한다는 과제, 아니면 둘 중 어느 한 쪽이 지금까지의 삶의 관점에서 벗어나게 만들어주어야 한다는 과제가 바로 그것이다.

아이를 찬성하는 여성이건 반대하는 여성이건 그들이 내세우는 이유가 이성적일 수도 있고, 감정적이거나 즉흥적일 수도 있으며, 심사숙고된 타당한 것일 수도 있다. 아이를 반대하는 여성 중에는 순종적이기만 했던 어머니의 모습이 어린 눈에도 부정적이고 끔찍했다는 경우도 있다. 사실 실제로 순수하게 인류를 위하는 마음으로 자식을 낳고 키우는 부모는 거의 없다. 대부분 지극히 이기적인 동기에서, 아이의 존재가 자기 삶에 어떤 이점을 가져다줄 거라는 기대 속에서 자녀계획을 세운다. 하지만 그들의 기대가 실제로 충족될지는 아무도 알 수 없다.

4 – 자녀 문제에서는 주도성과 자주성이 일치한다

아이와 관련된 곳이면 어디든 북적거리지 않는 데가 없다. 골목 어귀에 있는 유기농산물 가게나 서점, 산부인과 대기실 등 어디든 부모나 부모가 되고자 하는 사람들로 들끓는다. 아이가 없는 여성들 눈에 세상은 온통 엄마들밖에 없는 것 같다. 아이의 지저분한 코를 닦아주거나 징징대는 아이를 야단치거나 살이 포동포동한 신생아를 강보에 둘둘 싸서 가벼운 인형마냥 안고 우쭐대며 공원을 걸어다니는 엄마들. 아이를 원하지 않는 여성에게 그들의 희생과 자부심은 정말이지 이해하기 어렵다. 오로지 친구밖에 모르던 소녀가 어느 날 갑자기 아기라면 좋아서 어쩔 줄 모르는 엄마로 변신한 모습을 보면 마치 뒤통

수를 얻어맞은 것처럼 얼떨떨하고 어이가 없다.

30대 중반이 되면 어떤 대화에서건 아이 문제가 빠지지 않는다. 그리고 마음과 달리 시들어가는 몸매와 개인적 삶의 한계에 대해 걱정한다. 그래서 어쨌단 말인가? 그동안 아이가 없는 여성들은 취미생활을 바꾼 다른 친구들의 삶을 수긍하지 않았는가. 새로 개봉된 영화 대신 곧 열릴 학부모 모임에 대해 연신 떠들고 전화로 오랫동안 수다를 떨 수 없다고 해서 그들을 비난한 적이 있었던가. 모임에 거의 오지도 않을 뿐만 아니라 설사 온다고 해도 늘 약속시간이 한참 지나서야 녹초가 된 얼굴로 나타나도 왜 그렇게 사느냐고 핀잔 준 적도 없다. 다만 그들과 함께 우리, 아이 없는 여자들도 바뀌어간다. 춤을 추러 가거나 전시회를 관람하러 갈 때 동행하는 친구들의 연령이 점점 어려지는 것이다. 우리의 정다운 옛 친구들은 모두 어딜 갔단 말인가? 아, 맞다! 그들은 아이들이랑 어린이 영화를 상영하는 영화관이나 어린이 테마공원에 가 있지.

사회가 발전하면서 아이 없는 여성이 많아졌다

30대 후반의 아이 없는 여성들은 놀랍게도 능숙하고 기대에 가득 찬 엄마들 사이에 있어도 혼자라거나 고립되어 있다는 느낌을 갖지 않는다. 아이 없는 여성들이 아직 소수이긴 하지만 점점 더 늘어나는 추세이기 때문이다. 1935년 이후로 독일에서는 아이가 없는 여성의 비율이 계속 증가하고 있다. 물론 1962년경 아무런 걱정 없이 성생활을 자유롭게 즐길 수 있게 해주는 피임약이 보편화되었기 때문이기도 하다. 게다가 루프 같은 비교적 확실한 피임기구까지 개발되면서 임신은 성생활의 필연적인 결과가 아니라 선택 가능한 옵션이 되었고, 자녀 또한 부부에게 필수적인 존재가 아니라 일종의 사치품목이 되었다.

물론 어른이 되면 결혼을 하고 아이를 낳는다는 사회적인 통념은 지금까지도 유효하다. 하지만 이런 통념에서 벗어난 라이프스타일을 바라보는 시선도 점점 더 관대해지고 있다. 예전에는 여자로 태어난 이상 무조건 자식을 낳고 키워야 하는 것이 당연했다. 그리고 자식을 낳음으로써 가족 내에서의 위상도 한 단계 승격되었다. 하지만 지금은 여성들이 개별적 존재로서 자아를 실현하고 싶어하기 때문에 엄마가 된다는 것은 삶의 단절을 의미하는 훨씬 더 큰 사건이라고 엘리자베스 벡 게른스하임은 말한다.

오늘날 엄마가 된다는 것은 지금까지의 습관과 삶의 방식에서 단절되고, 친숙하고 당연했던 것들이 뒤죽박죽되는, 다시 말해 소위 '전기(傳記)의 일대 변화'를 요구하는 일이며 다른 삶으로의 전환이다.

따라서 점점 더 많은 여성들이 지금까지 스스로 결정하며 살았던 독립적인 삶의 방식을 쉽게 바꾸려 들지 않는다는 사실은 놀라운 일이 아니다.

1960년에 태어난 사람들 중 약 4분의 1이 아이를 낳지 않는 것으로 조사되었다. 그보다 젊은 세대의 출산율은 더욱 낮다. 1965년에 태어난 여성 3분의 1이 아이를 원하지 않는 것으로 추정된다. 현재 정확한 비율을 산정하기는 어렵다. 이 여성들 중 일부가 올해 임신을 할 수도 있기 때문이다. 그러니까 만 38세 이후의 여성들 중 3분의 1은 젖꼭지와 보온병으로부터 해방된 삶을 선택한 정신적 동지들이라는 말인가? 아니다. 엄밀히 말하면 그렇게 많지는 않다. 이 수치는 아이를 계획적으로 낳지 않는 사람과 임신이 안 되는 경우를 구분하는 통계가 아니기 때문이다. 하지만 더 정확한 파악은 어렵다. 지금까지 아이를 원하는 사람의 비율을 조사한 통계자료가 없기 때문이다. 라이프치히 의과대학 교수인 엘마 브렐러는 1999년 설문조사 결과 부부(또는 동거자들) 중 3% 이하만이 자신의 뜻과 관계없이 아이를 낳지 못한다고 발표했다.

과거에는 만 45세 이상의 여성은 임신이 거의 불가능했다. 하지만 지금은 다르다. 왜냐하면 인큐베이터에서의 체외수정 기술이 발전했기 때문이다. 일례로 이탈리아 의사 세베리노 안티노리는 1994년 63세 여성의 임신을 성공시켰다. 하지만 이 신기술이 인공수정 시술

자의 주머니를 불리는 것 말고 과연 누구에게 이로운가? 어쩌면 아이를 낳을 것인지 말 것인지에 대해 여전히 결정하지 못하는 불안한 30대 후반의 여성에게 안도감을 줄 수 있을지도 모르겠다. 하지만 정말 60대가 되어서 불현듯 아이를 가져야겠다는 확신이 들 수도 있을까? 쉴 새 없이 젖병을 삶고 아기에게 밥을 떠먹이기 위해 직장을 포기하는 것이 쉬우리라고 생각하는가?

아이를 낳지 않겠다고 결정하는 시기는 사람마다 다르다

아이가 없는 여성들 중에는 출산 시기를 못 정하고 계속 미루는 사람들도 적지 않다고 심리학자 칼은 말한다. 직장을 갖기까지의 과정이 길어지면서, 특히 고학력 여성들의 경우 임신을 미루는 추세다. 칼은 아이를 낳지 않는 여성들을 시기에 따라 세 가지로 분류했다.

첫번째 그룹은 어린 나이에 임신에 대해 확고하게 결정을 내린 여성들이다. 그들은 파트너의 유무나 그들의 의사와 관계없이 혼자 결정을 내렸고, 설사 파트너가 아이를 원해도 자신의 결정을 번복할 생각이 없다고 했다. 그리고 아예 영구피임 수술 같은 확실한 피임을 선택한 경우가 많다. 그들 중 갑자기 마음이 변해서 피임수술을 원래대로 돌려놓고 싶다고 하는 경우도 간혹 있었지만 대부분은 처음에 내린 결정을 고수했다.

그렇게 일찍부터 결정을 하게 된 동기는 다양했다. 단순히 아이를 갖고 싶은 마음이 전혀 안 들어서라거나 자립적이고 자유롭게 살고 싶어서라는 이유가 제일 많았다. 또 자신은 어릴 때부터 늘 '예외'였다고 말하는 여성도 있었다. 육아를 잘 해낼 자신이 없어서, 자신의 나쁜 성격이 대물림되는 것이 싫어서, 또는 책임지는 것이 두려워서나 자신의 사회생활이 제일 중요하다고 말하는 여성도 있었다.

두 번째 유형은 가임연령의 한계에 이르러서야 임신을 포기하는 경우다. 그들은 처음에는 언젠가 아이를 낳아야지 하고 생각하면서도 여러 가지 이유 때문에 결단을 못 내린다. 적당한 파트너가 없어서, 집이 너무 작아서 또는 직업적으로 적절한 시기가 아니어서 등의 이유였다. 칼은 이들의 경우 아이를 가져야겠다는 생각이 스스로 든 것이 아니라 사회로부터 각인된 것 같다고 추측한다. 결국 그들은 30대 중반이 넘어서야 엄마가 되지 않겠다고 결정한다. 그들은 결정을 내리기까지 오랫동안 고민하면서 망설였다. 결국 그런 결정을 내리게 된 동기로 자아실현과 자립성에 대한 욕구, 힘든 직장이나 불안정한 파트너와의 관계 등을 들었다.

마지막으로 세 번째 그룹은 임신을 막연하게 미루는 유형이다. 이들은 아이를 낳고 싶다고 말하면서도 실제로는 아이를 갖기 어려운 상황을 선택했다. 두 번째 그룹과의 차이라면 언젠가는 임신을 하겠다는 마음을 버리지 않는 것이다. 그들은 현재 아이를 낳을 수 없는 이유로 주로 외적인 상황을 들었다. 적당한 파트너를 아직 못 찾았다는 대답이 제일 많았고, 파트너에게 경제적으로 의존하게 될까봐 두려워서라고 대답한 사람도 있었다.

칼은 이들 중에는 '아이가 문제될 수 있는 관계는 아예 피하는 것 같은' 느낌을 주는 이도 있었다고 했다. 또 직장과 육아 사이의 갈등이 임신을 실행에 옮길 수 없도록 하는 경우도 많다고 한다. 세 번째 그룹의 여성들은 대체로 자립성과 일을 매우 중요하게 생각했다. 경제적, 심리적으로 늘 아버지에게 의존했던 엄마의 삶을 반복하고 싶지 않다고 대답하거나 학업과 일의 중요성을 강조하면서 그것이 가족적인 삶과 조화를 이룰지에 대해 회의적이라고 말한 이들도 있었다.

아이를 낳지 않기로 결정하는 이유

미국의 사회심리학자 샤론 하우스크네히트는 아이 문제에 관한 여러 연구들을 토대로 여성이 아이 갖기를 포기하게 되는 이유를 순서대로 제시했다. 1위는 자아실현을 위해서였고, 그 다음은 둘만의 부부생활을 위해서 그리고 경제적 자립이나 사회적 성공을 위해서 등이었다. 그밖에 돈이 너무 많이 들어서라거나 좋은 부모가 될 자신이 없어서 또는 분만에 대한 두려움과 아이를 적대시하는 사회적 분위기 때문이라는 대답도 있었다. 하지만 그 비율은 상대적으로 매우 낮았다.

익명의 no-Kids 그룹은 과연 누구인가?

아이 문제를 나는 이렇게 생각한다고 적은 광고판을 몸에 걸고 다니는 사람은 아무도 없다. 이기주의자, 연금 기생충(다른 사람들이 내는 연금에 의존하는) 또는 아이 배척자라는 비난을 들을 각오를 한 사람들은 어차피 아무런 반박도 하지 않는다. 하지만 생각해보면 참 안타까운 일이다. 신경질적으로 울어대며 밤잠을 안 자고 보채는 아기를 다루는 법이나 출산을 다룬 책들은 범람하지만 산모가 될 날이 저 하늘의 달만큼이나 먼 여성들에 관한 책은 없으니 말이다.

하지만 지금부터는 달라질 것이다. 이런 여성들의 생각과 느낌을 세상에 알리기 위해 13명의 여성들이 나의 인터뷰를 도와주었다. 쾰른 출신의 사업가, 함부르크 출신의 저널리스트, 소도시 출신 간호사 그리고 대도시의 소프트웨어 전문가인 이들은 다양한 출신과 직업, 연령에도 불구하고 한 가지 문제에 대해서는 공통적으로 할 말이 많다고 했다. 이들 중 몇몇은 실명으로 거론되길 거부했기 때문에 이름과 인적사항을 임의로 바꾸었음을 밝혀둔다.

■ **마이케**

만 30세. 보육교사이며 함부르크에 살고 있다. 3년째 동거 중.

전 제가 엄마로 살아가는 모습을 전혀 상상할 수가 없어요. 일단 책임감도 너무 클 테고 아이 때문에 받는 제약도 많을 텐데 그걸 받아들일 자신이 없어요. 엄마가 되면 신경이 고래힘줄만큼 질겨야 한다는데 전 그렇지 못하거든요. 임신, 출산과 수유. 이 단어들이 제겐 유혹적이질 않아요. 그리고 그 후에 이어질 시간들, 1~2년도 아니고 기나긴 그 시간들까지 생각하면…….

주변에서 기저귀 가는 모습이나 젖 먹이는 광경을 볼 때, 혹은 밤에 제대로 잠을 자본 적이 없다거나 징징대며 소리 지르고 떼쓰는 아이를 몇 시간만이라도 누군가 대신 봐주면 너무너무 행복하겠다는 말을 들으면 정말 끔찍해요.

■ **마를레네**

전 한 번도 아이를 원해본 적이 없어요. 어릴 때부터 늘 입버릇처럼 말했죠. 30대가 되던 무렵에는 그냥 임산부의 모습이 너무 싫었어요. 캥거루처럼 배가 불룩해선 내 뱃속에 다른 인간을 위해 자리를 내준다는 생각을 하면 참을 수가 없었어요. 임신을 하면 겪는, 피부가 트거나 하는 육체적 변화가 싫어선 아니었어요. 또 분만할 때의 고통이 무서워서도 아니고요. 그런 건 필요하다면 감당할 수 있다고 생각해요. 지난 10년간 생각이 많이 달라지긴 했어요. 물론 여전히 임신이 썩 아름답게 느껴지진 않지만 예전처럼 그렇게 끔찍하진 않거든요. 어쩌면 제가 이제 사업주로서 많은 사람들을 책임지는 입장이 되었기 때문일지도 모르겠어요. 이젠 제가 타인을 책임져야 한다든가 하는 것이 그다지 힘들게 느껴지지 않아요. 하지만 아기에게 젖을 먹이는 상상은 여전히 유쾌하진 않아요.

■ 브리기테

지금까지 한 번도 아이를 낳는 일에 관심을 가져본 적이 없고 또 아이를 키우고 싶다고 생각한 적도 없어요. 살아오면서 '아, 지금쯤 아이를 가지면 좋겠다'라고 생각했던 적은 있어요. 두세 번쯤 아주 짧게 그런 생각이 번개처럼 스치더군요. 하지만 그건 남자친구에 대한 저의 뜨거운 애정을 표현하는 방법일 뿐이에요. 남자친구에 대한 밀착감과 애정이 만들어낸 존재라고나 할까.

하지만 그건 저의 고유한 발상이라기보단 우리 사회가 행복한 부부의 모습으로 각인해놓은 것일 뿐이라고 생각해요. 그런 생각이 드는 순간은 아주 잠시일 뿐이죠. 실제로 한 아이를 책임질 생각을 하면 끔찍해서 몸이 움찔해요. 그럴 때마다 전 확실히 아이를 원하지 않는구나 하고 확인을 하죠. 그 문제에 대해 다른 사람들과 많이 이야기를 나누었는데 저를 포함해서 모두가 결국 영구피임수술을 받았어요.

사람들이 아이를 낳지 않는 여자를 삶의 진정한 의미를 모르는 바보로 여겨도 상관없다. 심지어 미쳤다고 욕하는 이들도 있다. 하지만 사실은 그들의 생각과 반대다. 아이 없는 여성들은 예기치 않은 사고로 부모가 되거나 또는 무덤덤해진 부부관계를 되살리기 위해 임신을 이용하는 이들보다 아이에 대해 훨씬 신중하고 더 진지하게 생각한다. 아이를 반대하는 데는 많은 이유들이 있다. 특히 미성년이거나 인생의 위기에 처한 엄마들이 읽으면 위험할 만큼 많은 심각한 문제들이 있다. 하지만 성인이며 확고한 주관을 가지고 있다면 계속 읽어주기 바란다.

III

아이를 갖지 않는 열한 가지 이유

아 이 를   갖 지   않 는   열 한   가 지   이 유

1 — 첫 번째 이유 아이들이 노는 수영 풀에 앉아 하품하는 대신 풀장에서 우아하게 책을 읽고 싶다

아이를 갖지 않는 첫번째 이유는 자신의 욕구 때문이다. 아이가 없으면 내가 좋아하고 필요한 대로 행동할 수 있다. 토요일엔 늦잠을 자고, 친구와 몇 시간씩 전화로 수다를 떨거나 공원에 조깅을 하러 갈수도 있다. 단지 취미생활을 더 잘 즐길 수 있어서가 아니라 스스로의 정신적·육체적 건강을 제대로 돌볼 수 있다는 뜻이다.

반면 부모들은 늘 자신보다는 아이들의 욕구가 더 우선이기 때문에 마음대로 할 수가 없다. 자기가 하고 싶은 것은 접어두고 아이들이 원하는 것부터 물어보는 것이 일상이다. 오후 시간을 사우나에서 편안하게 보내는 대신 엄마의 휴일은 유아용 풀장에서 시작되기 일쑤다. 물론 아이들의 욕구를 먼저 들어주는 것이 늘 부모의 순수한 희생정신에서 비롯된다고 보긴 어렵다. 슈퍼마켓 계산대에서 차례를 기다리다 보면 아이들이 사탕을 사달라고 조르는 모습을 자주 본다. 그럴 때 어떤 부모들은 귀찮아서 무조건 "좋아"라고 대답하기도 한다. 그 순간 엄마는 올바른 교육자가 아니라 단지 아이들의 '욕구를 들어주는 하인'이 된 것 같다. "더 필요한 것 없니? 엄마가 다 들어줄게! 지금 당장!" 이렇게 말이다.

이렇듯 엄마라는 위치는 늘 책임이 막중한 연중무휴의 고된 일과 배려와 이해심, 많은 인내가 요구되는 자리다. 엄마는 완전히 자기만을 믿고 의지하고 있는 아기의 생존을 책임져야 한다. 자신의 에너지와 아기의 요구를 적절히 맞추기도 어렵거니와 모든 엄마들이 아이가 태어난 후로 자기만의 시간이 없다고 하소연을 한다.

아이 하나가 부모의 개인적인 용무를 불가능하게 만드는지 알아보기 위해 심리학자 바바라 라이흘레는 190명의 젊은 부모에게 물어보았다. 부모가 된 지 석 달째가 되었을 때 여성들은 열 가지 중요한 개인적 욕구가 제한됨을 느꼈다. 남성들은 이보다 좀 적게 여덟 가지가 있다고 대답했다. 시간이 지나면 엄마들의 상황이 좀더 나아질 거라고 생각한다면 오산이다. 라이흘레는 "4개월 반이 지나도 나아진 것은 전혀 없었다. 여성의 경우 오히려 열두 가지로 늘어났고 남성도 아홉 가지로 늘었다"고 연구결과를 밝혔다.

엄마가 되면 자신의 욕구를 강하게 자제해야 한다. 산부인과에서 돌아오자마자 여자에겐 완전히 새로운 삶이 시작된다. 남자도 마찬가지다. 하지만 많은 여성들이 젖을 먹이며 또 대부분 직장을 쉬고 육아를 시작하기 때문에 대부분의 짐은 그녀의 몫이 된다. 기저귀 갈고 아기 목욕시키고 젖 먹이고 안아주고 하다보면 그녀 자신은 샤워를 할 시간도 심지어 밥 먹을 시간도 제대로 없다. 신생아는 아직 자신의 욕구를 제대로 표현하지 못하기 때문에 엄마는 아기가 울 때마다(아기들이 불만을 알리기 위해 표현하는 방법이다) 뭘 원하는지 끝없이 추측을 해야 한다.

이것만으로도 상당히 힘든 일이다. 하지만 요즘 부모들은 자기 아기가 숨 쉬고 자라고 이따금씩 저 혼자 기분이 좋아 옹알이를 하는 것만으로 안심하지 않는다. 유아기가 미래의 삶을 결정하는 중요한 시기라는 사실이 알려진 후로 책임감이 강한 부모들은 끊임없이 육아전문가의 조언에 귀를 기울인다. 서점에는 육아전문가들이 쓴 서적들이 산처럼 쌓여 엄마를 기다린다. 그것이 진정 아이들에게 유용할진 모르겠지만 어쨌거나 부모는 그만큼 더 많은 시간을 쏟아부어야 한다. 심지어 아기가 낮잠을 자기 시작해도 서가에 꽂혀 있는 육아서는 엄마에게 맡은 바 일에 최선을 다해야 하는 막중한 책임이 있다는 점을 상기시킨다. 이런 순간에 엄마는 잠시 휴식을 취하거나 자신이 좋아하는 일을 하는 것과 육아서를 들여다보는 것 사이에서 끊임없이 갈등하게 된다.

자아실현은 내적인 근본 욕구

아이가 없는 사람들은 좀처럼 소파에 누워 쉬고 싶다는 생각이 들지 않는다. 다른 사람 때문에 자기 욕구를 억누를 필요가 없고 자기가 하고 싶은 대로 할 수 있기 때문에 훨씬 더 건강하게 산다. 매슬로우는 자아실현이 내적인 근본 욕구라고 말한다. 그는 인간의 근본 욕구를 다섯 가지로 나눈다. 즉 심리학적 욕구(수면, 움직임, 성행위 등), 안전에 대한 욕구, 소속에 대한 욕구, 주의에 대한 욕구, 자아실현과 의미 발견의 욕구인데 이런 근본 욕구를 오랫동안 억누르면 육체적·정신적 건강에 치명적인 해가 될 수 있다고 한다.

심리학자 마리 야호다 역시 스스로 행동을 결정하는 능력을 정신적 건강을 좌우하는 여섯 가지 중요한 기준의 하나로 꼽고 있다. 이들의 이론에 비추어 볼 때 엄마들은 공통적으로 한 가지 문제를 안고 있다. 즉 아기를 위해 자율권을 포기해야 한다. 최소한 아기가 어릴 때는 자신의 심리적인 만족 상태와는 반대로 행동할 수밖에 없기 때문이다.

개인의 필요와 욕구를 고려하고 충족하는 것은 정신적 건강과 관계가 깊다. 그러기 위해선 자신의 욕구가 무엇인지부터 알아야 한다.

그런데 그런 욕구들이 종종 구석으로 밀려나고 억눌려져서 자신의 기본 욕구가 무엇인지조차 제대로 모르는 사람들이 많다. 그래서 부모학교에서는 새내기 부모들에게 자녀의 욕구를 들어주면서도 자기 삶도 돌아볼 수 있도록 조언을 해준다. 부모들은 그곳에서 자신의 욕구를 존중하는 법을 배운다. 함부르크 아이델슈테트에 있는 이 부모학교의 원장 되르테 아이에케는 "부모가 되는 건 찬물에 뛰어드는 것과 같다. 아기는 끊임없이 친숙한 존재를 찾는다. 그래서 부모는 어쩔 수 없이 자신의 욕구를 양보하게 된다"고 말한다.

이런 점 때문에 아이가 없는 사람에겐 부모가 된다는 것이 매력적으로 보이지 않는 게 당연하다. 많은 사람들이 아이의 욕구를 자기 욕구보다 우선시해야 한다는 것 때문에 아이 갖기를 포기한다. 그들에게 엄마가 된다는 것은 스스로 결정한 삶이 원하는 것과는 일치하지 않는다.

■ 우테

만 40세, 간호조무사. 다국적 기업에서 노동의학 분야의 조교로 일하며 결혼 5년차이다.

전 삶을 즐기면서 건강하고 자립적으로 사는 것이 목표예요. 아이가 있으면 많은 일을 미리 계획해야 하는데 전 그 점이 싫어요. 뭐든 하고 싶을 때 즉흥적으로 하는 걸 좋아하거든요. 가령 토요일 오후 내내 낮잠을 잘 수도 있고 아이와 상관없이 내가 원하는 것, 내가 좋아하는 걸 하고 싶어요. 또 아기가 태어나면 얼마 동안은 내 생활 리듬을 아이한테 전적으로 맞추어야 할 텐데 그것도 힘들 것 같아요. 여행을 갈 때 제 짐가방도 겨우 싸는데 아이들 것까지 챙겨야 한다고 생각하면……. 어휴, 전 제 일을 하며 혼자 사는 게 더 좋아요.

■ 레기나

만 43세. 네 가지 일을 배우고 있고 5년 전부터 세 명의 직원이 근무하는 기업컨설팅 회사의 대표이다.

저는 자유를 사랑하고 특히 자연을 좋아해요. 이를테면 백화점에 가는 것보다 야외로 나가는 걸 훨씬 더 좋아하죠. 전 사업가라서 그런지 창의적이고 즉흥적인 걸 중요하게 생각해요. 제 삶의 목표는 영원히 자유롭게 사는 거예요. 그리고 머지않은 미래에 일하는 시간을 지금보다 줄이고 시 외곽에서 살고 싶어요.

저는 일하는 시간이 불규칙해요. 지금은 일주일에 마흔 시간쯤 되죠. 하지만 사업주라서 가끔은 일을 하고 있는 건지 여가활동을 하는 건지 애매한 경우도 있어요. 그 외 자유시간엔 심리상담자 과정을 공부하고 있어요. 전 늘 새로운 걸 배우고 싶어하죠. 제가 늘 발전하고 있고 뭔가를 하고 있다는 느낌이 들지 않으면 못 견디거든요.

■ 스테파니

만 39세. 정보학을 전공했고 13년 전부터 일을 하고 있다. 소프트웨어 전문가이며 남편과 뮌헨에서 살고 있다.

제 삶을 스스로 결정할 수 있다는 점이 제게는 정말 중요해요. 이건 앞으로도 결코 포기하고 싶지 않아요. 가령 제가 하고 싶은 일을 하고 여가 시간을 제가 원하는 대로 짤 수 있는 것도 그런 부분에 속하죠. 그리고 저의 성장과 발전에 도움 되는 일을 도모할 수도 있고 부족한 것이 있으면 언제든지 노력할 수 있고요. 다른 사람을 위해 제 욕구를 양보할 필요도 없고. 하지만 아이가 있으면 다를 것 같아요.

감정적인 것도 마찬가지예요. 아이가 있으면 힘들어도 내색할 수가 없잖아요. 졸리거나 녹초가 되었거나 슬플 때도 아이 앞에선 숨겨야 하죠. 얼마 전에 느낀 건데, 지금 아버지가 암투병 중이시거든요. 그런데 아이들이 볼 때와 안 볼 때 우리 형제들의 행동이 달라지는 걸 알았어요. 아버지의 병에 대해 잘 얘기도 하지 않고 아이들에게 슬픈 모습을 보이면 안 좋을 것 같아서 병문안도 자주 못 오더라고요. 사실 슬픈 마음을 억지로 숨기는 것도 스트레스가 되잖아요. 그리고 아이가 있으면 제일 힘든 건 잠을 충분히 잘 수 없다는 점일 것 같아요. 언제든지 아이가 우선이고 본인은 그 다음이죠. 제가 아는 엄마들은 모두 그래요.

2 — 두 번째 이유 가족과 함께 놀이동산을 헤매기보다는 네팔로 등산을 가고 싶다

아이들과 휴가를 떠나려면 항상 타협이 필요하다. 아마 리비에라 호텔 정도면 열흘이라도 얼마든지 아이들과 보낼 수 있을 것이다. 하지만 성수기의 휴가를 호텔 방에서 보내는 것과 사파리에서 뱅갈 호랑이를 따라다니며 사진을 찍거나 이집트 피라미드를 보러 떠나거나 핀란드로 자전거 투어를 가는 것에는 크나큰 차이가 있다. 여행이 많은 경험과 교양을 쌓는 데 도움을 준다는 건 누구나 다 아는 사실이다. 특히 낯선 나라를 여행하다 보면 견문도 넓어지고 다른 사람들의 생활방식은 물론이고 자기 자신에 대해서도 더 잘 알게 된다.

50년 전만 해도 여자의 일생은 거의 정해져 있었다. 성인이 되면 결혼을 하고 아이를 낳아 키우고 간혹은 돈을 좀 벌다가 연금생활자가 된다. 그 시대엔 다른 대륙이나 원시 민족들 또는 먼 외국의 건축물들을 볼 수 있는 자유를 누리는 여성이 극히 드물었다. 하지만 지금은 다르다.

■ **브리기테**

전 여행을 무척 좋아해요. 앙골라와 감비아에 갔고 중국에도 가봤어요. 유럽 국가들은 거의 다 돌아다녔죠. 여행은 교양을 풍부하게 해준다는 말이 맞아요. 전 특히 외국어로 말하는 걸 좋아해서 조금씩 배우고 있어요. 나중에는 다른 나라에서 살고 싶어요. 독일보다 따뜻한 곳이면 어디든 좋아요.

요즘 여성들은 다양한 삶을 계획할 수 있다. 하지만 선택할 수 있는 가능성이 주어짐과 동시에 그중 한 가지를 스스로 선택해야 하는 부담을 느낄 수도 있다. 아이를 낳아 휴가를 늘 아이에 맞춰 보낼 것인가, 아니면 여행 목적지를 내 맘대로 고르고 즉흥적으로 가고 싶을 때 갈 수 있는 가능성을 열어놓을 것인가. 자신의 일대기를 스스로 쓸 수 있는 사람에겐 1년 중 가장 좋은 시간에 무엇을 할 것인가를 선택하는 문제는 선택이 아니라 필수다.

■ 스테파니

남편과 전 아이를 가질 것인지 말 것인지에 대해 정말 진지하게 의논했어요. 여건상 아이를 낳아도 별 문제는 없지만 우리는 아이를 갖지 않기로 결정했죠. 아이 없이 자유롭게 사는 게 여러모로 더 낫겠다고 생각했기 때문이에요. 두 사람 모두 지금처럼 열심히 일하고 쉴 땐 멋진 여행을 하길 원하거든요.

모든 여성이 자신의 삶을 위해 옳은 결정을 내리고 싶어한다. 엘리자베스 벡 게른스하임은 연구를 통해 많은 여성들이 자신의 개인적인 성장을 중요하게 생각하는 걸 알았다. 그녀들은 누구의 딸, 누구의 아내, 누구의 엄마가 아닌 바로 '자기 자신'이길 원했다.

■ 바바라

전 자유롭고 구속받지 않는 삶을 원해요. 휴가는 아이가 아니라 제 자신에게 맞추고 싶어요. 전 문화에 관심이 많아서 시티투어 때 하루 종일 박물관 구경만 할 때도 있거든요. 그런데 아이가 있으면, 게다가 힘들어서 징징대기라도 하면 제가 원하는 대로 할 수가 없잖아요. 제 인생 목표와 성향으로 볼 때 아이는 맞지 않는 것 같아요.

단체로든 아니면 여자친구나 파트너와 함께이든 관계없이 여자들은 오래전부터 이미 모든 종류의 여행을 자신의 내적 성장의 기회로 생각해왔다. 그리고 특히 요즘 여성들은 비행기표만 여행사를 통해 예약하고 여행 일정은 혼자 정하는 자유로운 배낭여행을 선호한다. 이런 여행에서는 독창성과 재치가 필요한 경우가 많다. 예측하지 못한 상황에 처했을 때 어떻게든 극복해야 하고 말이 통하지 않을 땐 손과 발로 의사소통을 해야 할 때도 있다. 그런 상황을 통해 조금씩 자기 자신을 넘어서게 되고 또 자신의 한계도 깨닫게 된다.

심지어 일부러 오지로 떠나거나 여행을 자립성과 극기 훈련의 기회로 이용하는 여자들도 있다. 그들은 모기떼에도 아랑곳하지 않고 홀로 아마존을 건너거나 최소한의 짐만 가지고 높은 산에 오르고 승용차로 사하라 사막을 건너기도 한다. 어떤 이는 심해 속으로 잠수를 하고 또 어떤 이는 문화체험을 통해 새로운 느낌을 쌓는다. 또 아열대 해안에서 뱀장어를 잡거나 낯선 음식을 맛볼 수 있는 것을 좋은 여행의 조건으로 꼽는 여자들도 있다.

아이가 있으면 흥미진진한 모험은 끝이다

아이가 없는 사람들은 일상에서 벗어나 창의적인 일을 도모할 수 있는 기회가 많다. 하지만 부모들은 힘들다. 여행사의 광고가 보여주듯 아이들이 원하는 휴가의 형태는 어른과 완전히 다르다. 시골 농장에 가서 "소를 구경하고 싶다"고 하는 건 그래도 들어줄 만한 요구다. 하지만 정말 끔찍한 건 휴가 기간 내내 디즈니랜드에서 보내고 싶어 하거나 그와 비슷한 놀이동산에서 놀고 싶어하는 경우다. 부모는 처음엔 절대로 안 된다고 버티지만 아이의 닭똥 같은 눈물을 보는 순간 고집을 버리고 콤비에 짐을 싣는다.

부모들은 외국여행이나 문화체험에 대한 꿈이나 활동적인 여행은 일단 포기해야 한다. 어린아이를 데리고 열대지방을 돌아다니는 건 너무 위험하다. 뜨거운 모래해안이나 작열하는 직사광선과 높은 파도는 가볍게 물장난을 치거나 모래집을 만들기에 적합하지 않다. 또 아이들과 히말라야 등반을 할 수도 없다. 초등학교 아이에겐 장거리 자전거 여행도 무리고 중세 교회나 현대미술 박물관도 그다지 권할 만한 것이 못 된다. 또 사춘기의 십대들은 어차피 부모가 제안하는 건 모두 별로라고 여길 게 뻔하다. 그런데도 아이들이 여행에서 즐거워하지 않으면 부모는 미안해서 쩔쩔매기 일쑤다.

■ 우테

여행에 유난히 욕심이 많은 것도 제가 아이를 가질 수 없는 이유 중 하나예요. 학교 방학이랑 일치하는 성수기에 맞춰 여행을 하는 것도 싫고, 특히 아이와 함께 다니는 건 더더욱 싫어요. 젊은 부부와 아이들이 함께 휴가를 떠나는 걸 보면 정말 끔찍하게 느껴져요.

부모들은 아이들이 장소와 음식의 변화에 얼마나 민감한지 알기 때문에 여행사에 가면 일단 해변에 울타리를 안전하게 쳐놓은 지중해의 호텔방을 찾느라 정신이 없다. 또한 시리얼과 빵이 나오는 아침 식사와 저녁 역시 독일 아이들의 입맛에 맞는 식사가 준비되어 있는 곳이라야 한다. 그런 곳에선 대개 나머지 가족들도 어쩔 수 없이 스테이크나 피자로 만족해야 한다. 그곳의 토속음식을 맛보는 건 거의 꿈도 꾸지 못한다.

아이가 없는 사람들은 가족용 단체여행을 제공하는 여행사에서 얼마 남지 않은 마지막 찬스를 잡을 수 있다. 부모들이 옆 창구에서 몇 시간씩 단체여행 프로그램들을 비교하며 고민하는 동안 아이가 없는 이들은 안달루시아로 가려고 했던 원래 계획을 순식간에 바꿔 같은 가격으로 멕시코시티에 갈 수도 있다. 이처럼 아이가 있는 부모들을 전혀 부러워할 필요가 없다. 그들은 휴가 기간 내내 단둘만의 시간을 즐길 수 없어서 짜증나 할지도 모른다. 많은 부모들이 아이들을 몇 시간이라도 봐주는 프로그램이 있는 클럽여행으로 몰리는 것도 그 때문이다.

또는 도저히 참을 수가 없으면 '좋은 날씨-좋은 기분'이라는 슬로건을 내건 센트럴파크를 선택한다. 그 파라다이스에는 자연바람 대신 기계에서 인조 야자수를 위한 공기가 뿜어져 나온다. 불쌍한 부모들! 그럼에도 불구하고 그들 중에는 여전히 자신이 부모가 됨으로써 비로소 인격이 갖춰지고 진짜 어른이 되었다고 믿는 사람들이 있다.

하지만 부모들이 즐겨 쓰는 이 핑크빛 색안경을 벗으면 전혀 다른 세상이 보이기도 한다. 부모들은 휴가에서 자신이 원하는 대로가 아니라 아이들의 바람대로 움직여야 하며 극단적인 타협도 예상해야 한다. 아이가 없는 이들은 돈이 덜 들기 때문에 자주 여행을 떠날 수 있고 자신이 원하는 대로 휴가를 계획할 수 있다. 낯선 외국으로 갈 수도 있고 유럽의 문화도시들을 찬찬히 둘러볼 수도 있으며, 아니면 어느 한 곳에서 아무것도 안 하고 조용히 쉴 수도 있다. 그리고 경제적인 사정이 허락하는 한 1년에 서너 차례씩 여행을 갈 수도 있다.

3 — 세 번째 이유 이유식 만들기로 하루를 다 보낼 것인가

누구나 자신이 하고 있는 일이 가끔 정말 지겨울 때가 있다. 늘 일찍 일어나야 하고 무거운 책임을 져야 하고 사장이 아무리 비현실적인 요구를 해도 무조건 따라야 하고 게다가 자유 시간도 부족하다. 하지만 막상 그런 직장이 없으면 어떨까? 여성의 직장생활은 남녀평등에 실로 많은 기여를 했다.

돈을 벌면서 재정적인 자립성을 갖추었고, 부모나 남편에 대한 입지도 훨씬 더 굳건해졌다. 지금까지도 돈을 버는 직업은 여성해방의 동력이며 단순한 수입의 원천 그 이상으로 간주된다. 또한 직업은 외부세계로 통하는 문이다. 아침마다 건물로 들어서면 경비가 친절하게 인사를 하고 작업대에서 일하는 보조자와 눈인사를 나누거나 소프트웨어 회사의 직원과 막역한 친구가 될 수도 있다.

■ 레기나

저는 외국에서 살아봤고 직업이 네 가지나 되기 때문에 가끔은 여러 인생을 산 것 같은 착각이 들어요. 하지만 제가 만약 스무 살에 아이를 가졌더라면 아이를 돌보느라 아무것도 하지 못했을 거예요. 그리고 제 인생은 지금과는 전혀 다른 모습이겠죠.

많은 직업들이 복합적이고 구체적인 문제를 풀어야 하기 때문에 지적인 능력을 요구한다. 물론 컨베이어 앞에서 일하는 여성은 회사의 팀장급 여성보다 자신의 일에 대한 만족감이 덜할지도 모른다. 하지만 놀랍게도 두 경우 모두 직장인으로서의 자긍심은 대단하다. "자긍심과 자의식은 질적으로 높은 일뿐만 아니라 중간 또는 하위의 직급에서도 성취되기 때문"이라고 엘리자베스 벡 게른스하임은 말한다.

중요한 건 자신의 능력을 시험하고 자랑스러워하며 본인이 사회에 참여하고 의미 있는 일을 하고 있다는 느낌을 갖는 것이다. 그리고 마지막으로 통장에 찍힌 급여 액수는 아무리 단순한 일이라도 훌륭하게 해냈음을 알려주는 신호다. "앞으로도 계속 지금처럼 해주십시오. 우리는 당신이 필요합니다!"라는 뜻이다. 직업은 이렇게 인간에게 긍정적인 답을 준다. 직업을 통해 인간은 수입을 창출할 뿐만 아니라 작업 목표에 도달하려고 애쓰고 때론 새로운 프로젝트를 계획하거나 발전시킴으로써 자긍심을 높여준다.

또 돈을 버는 직업은 자긍심만 고취시키는 것이 아니라 정체성을 확립하도록 도와준다. 사람들이 자기가 일하는 회사에 대해 말할 때 '우리 회사' 또는 '우리'라고 하는 것을 자주 듣는다. 인간은 자신을 실내 인테리어 디자이너나 교사, 음악가와 같은 직업으로 정의한다. 많은 사람들이 자아를 실현할 수 있는 직업을 원하고, 열성적인 사람은 실제로 목표를 달성했다. 이런 방식으로 직업은 삶에서 의미를 찾는 일에 기여한다. 독일 청소년들을 대상으로 한 설문조사에서 젊은 여성들이 남자친구나 가족만큼이나 직업이 중요하다고 대답했을 정도로 직업이 주는 의미는 대단한 것이다.

아이 없는 여성들은 직업이 있는 한, 그 일이 제공하는 혜택들을 고스란히 차지한다. 그들은 자기에게 어울리고 자극이 되는 일에 큰 가치를 둔다.

■ 카렌

일과 아이는 제게 서로 병행할 수 없는 극과 극의 개념이에요. 제가 만약 아이가 있었다면 아마 지금 하고 있는 일은 할 수 없었을 것 같아요. 저는 글 쓰는 일이 직업이거든요. 시간과 정신적 에너지가 정말 많이 필요한 힘든 일이지만 전 이 일이 정말 좋아요.

■ 우테

제 삶에 전체적으로 매우 만족하고 지금 이대로가 딱 좋아요. 그래서 아이도 원하지 않아요. 전 일하는 걸 좋아하고 특히 경제적으로 누군가에겐 의존하고 싶지 않거든요. 지금 직장에서 특별한 성공을 꿈꿀 순 없지만 그래도 좋은 직장이고, 주위 아이 엄마들과 밥을 먹으러 다니거나 놀이터에 앉아 아이들을 지켜보고 있는 것보단 일하는 게 훨씬 더 즐겁거든요. 할 일 없이 시간만 보내는 건 생각만 해도 끔찍해요. 그렇게 살고 싶지 않아요.

■ 스테파니

지금 하고 있는 일이 좋아요. 예전엔 다른 직업을 갖고 싶어했지만 그 분야에서 일할 수 있는 기회가 적다는 걸 깨닫고 생각을 바꾸었죠. 전 13년 전부터 소프트웨어 전문가로 일하고 있어요. 10년 전쯤에 아이가 생겼더라면 아마 지금만큼 제 분야에서 인정받기 힘들었을 거예요. 지금은 회사의 프로젝트를 책임지는 팀장이거든요. 제 밑으로 세 사람이 있어요. 아이가 있었더라면 지금의 직책을 맡지 못했겠죠. 제 시간을 전적으로 쏟아부을 수 없을 테니까요. 프로젝트를 기획하고 팀을 이끄는 것이 아니라 주어진 프로젝트의 일부를 만들고 있겠죠. 그리고 겨우 이 정도 하려고 그만큼 공부했나 하고 자책하고 있을지 몰라요.

독일에서 일을 하는 여성의 비율은 남성보다 훨씬 낮다. 2000년에는 겨우 64%에 불과했다. 실업률이 높은 것도 원인이지만 특히 맞벌이 부부였다가도 아이가 생기면 대부분 여자가 휴직을 하기 때문이다. 예전에는 소위 그럴듯하게 들리는 '육아휴가'가 있었다. 이 말은 젊은 산모들이 마치 출산 후 게으름을 피우면서 느긋하게 시간을 보내는 듯한 느낌을 주었다. 하지만 실제 산모들의 일상은 '휴가'와는 전혀 딴판이라는 걸 겪어본 사람은 다 알 것이다.

그러다가 2001년부터는 아이 때문에 발생하는 휴직기를 '부모의 시간'으로 개명했다. 그리고 아빠 역시 엄마와 똑같이 아이를 돌보는 시스템이 적극 장려되었다. 하지만 실제로 아빠들은 법적으로 보장받은 휴식에 대한 권리를 누리려 하지 않는다. 다시 말해 여전히 휴직에 들어가는 사람의 98%는 여성이다. 남자들이 주장하는 이유 대부분은 그 시기에 쉬어버리면 승진에 지장이 많다는 것이다. 그럼 여자는 사정이 다르단 말인가?

산모들의 일상은 결코 장밋빛이 아니다

출산을 앞둔 엄마들은 아이를 위해 기꺼이 자신의 야망을 접을 마음의 준비가 되어 있다. 그렇게 많은 여성들이 직장에서 나와 몇 년씩 쉰다. 3세 미만의 자녀를 둔 서독 여자들 중 겨우 5%만(구동독은 12%이다) 풀타임으로 일한다. 모든 이들에게 휴직이 꺼름칙한 건 아니다. 어떤 이들은 직장이라는 수레바퀴에서 (최소한 잠시나마) 벗어날 수 있고, 이성적이고 차가운 직업의 세계를 아이가 주는 따뜻한 시간과 바꾼다는 생각에 매력을 느끼기도 한다.

하지만 그건 어디까지나 환상일 뿐이고 실제로는 유모차를 밀고 다니는 엄마들의 행동반경은 우리가 생각하는 것보다 훨씬 더 좁다. 울거나 소리를 질러서 불편함을 호소하는 것밖에 모르고 말이 통하지 않는 어린아이와 하루 종일 보내는 건 훨씬 힘들 뿐더러 엄마의 자긍심마저 사라지게 한다. 출산 후 곧장 회사로 돌아가 평소의 업무에 매진하는 아빠와 달리 엄마의 삶은 180도 달라진다. 그러나 유감스럽게도 늘 좋은 쪽으로 변하는 건 아니다. 부모학교 교장 되르테 에이에케는 이 변화에 대해 다음과 같이 말한다.

수많은 똑똑하고 능력 있는 여성들이 엄마가 됨으로써 자의식을 부분적으로 상실하게 되는 건 큰 문제가 아닐 수 없다. 시도 때도 없이 안아 달라고 보채고 2~3시간 간격으로 젖을 먹여야 하고 돌아서면 토하거나 울고 또 알 수 없는 이유로 소리를 질러대는 아이를 혼자 돌볼 때 여자의 자긍심이 얼마나 고통받는지 결코 과소평가해선 안 된다. 아이도 때로 이렇게 말한다. "이건 엄마한테도 나한테도 편하지 않아"라고.

또 하나의 문제는 아이들 때문에 무슨 일이든 끝까지 할 수 없다는 데 있다. "엄마들은 집에 있으면 쉴 새 없이 뭔가에 방해를 받기 때문에 어떤 일도 끝까지 해낼 수가 없다. 때론 조금 전까지 자신이 무슨 일을 했는지조차 잊어버린다. 그러다 보면 오히려 어떤 일을 끝까지 하는 것이 어색해지는 지경에 이른다"라고 에이에케는 말한다. 또 몇 년 동안 무슨 일이든 늘 아이와 함께 하는 것이 습관이 되어 혼자서는 아무것도 할 수 없게 되기도 한다. 전에는 당연했던 홀로서기가 이젠 낯설어지는 것이다. 에이에케는 다음과 같이 설명한다.

자신감을 잃게 되고 "난 아무것도 혼자 할 수 없다"는 느낌을 갖게 된다. 특히 출산 전에 강하고 유능한 타입이었을수록 더 고통받는다. 부모가 되기 전엔 강한 리더십으로 팀을 이끌어 나갔는데 어느 날부터 집에 갇혀 오로지 아기와 남편 그리고 살림살이에만 신경을 쓰다 보면 차츰 공허감이 생긴다. 그리고 이런 생각마저 든다. "내가 지금 뭘 하는 거지? 아기는 나의 지성 계발에 전혀 도움이 안 되는데"라고 말이다.

그래서 에이에케는 공허감을 느끼고 우울해 하는 초보 엄마들에게 육아에만 전념하지 말고 자긍심을 되찾을 수 있는 일을 추구해야 한다고 충고한다.

육아는 대안적인 직업이 될 수 없다

어떤 엄마들은 열심히 이유식 만들기에 전념한다. 아이를 최대한 정성껏 키워야 한다는 요즘의 지배적인 교육법이 어떤 이들에게는 차라리 아이 갖기를 포기하게 만든다. 반면 이 새롭고도 중요한 과제에 과학적으로 접근할 수 있다는 말에 매력을 느끼는 사람들도 있다. "산업주의 이전의 사회에서는 육아란 거위 키우기와 비슷했다. 다시 말해 육아는 너무 어리거나 너무 늙었거나 또는 너무 약해서 다른 일을 해낼 능력이 없는 사람들의 몫이었다"고 벡 게른스하임은 말한다.

하지만 요즘은 육아의 중요성이 강조되면서 독립적이고 전문적인 분야로 인정받고 있다. 엄마들은 수유모임이나 아기 마사지반, 유아수영반 등에서 만나 최근 출간된 육아서에 대해 열띤 토론을 벌인다. 이제 자식은 저절로 생기는 당연한 존재에서 '두뇌출산'이라는 신조어가 생길 정도로 많은 시간과 관심, 전문적 지식이 필요한 복잡한 존재가 되었다.

이런 관점을 뒤집어보자. 아이가 없는 여성들은 직업이 있는 한 산후휴가에 들어간 부모보다 훨씬 잘 지낸다. 엄마들은(그리고 육아휴직을 받은 2%의 아빠들도) 자기 일을 임시로나마 포기하는 부담감이 크다. 직업을 통한 사회적 접촉과 사회생활로부터의 자극, 자긍심을 포기해야 하기 때문에 자의식마저 저하된다. 짜증내는 어린아이가 자기 존재에 대한 확신이나 자긍심을 키울 수 있는 어떤 원천도 주지 못한다는 사실은 출산을 계획하는 여성들에게 거의 알려져 있지 않다.

반면 아이가 없는 여성들은 삶을 지탱하고 개인적 관심과 능력 개발을 위한 장을 열어주는 직업 활동에서 얻는 것이 많다. 오직 경제적인 이유 때문에 사회활동을 지속하는 여성의 비율은 점점 줄어들고 있다. 오히려 많은 이들이 엄마들이 육아에서 찾지 못하는 지적 능력의 개발과 자의식을 발견하기 위해 자기 일을 찾는다.

4 — 네 번째 이유 매력적인 여성에서 동물 어미로의 변신

아이들은 동화에 나오는 것처럼 어느 날 갑자기 황새가 물어오는 것도 아니고 더군다나 그 황새가 아기를 키워주는 것도 아니다. 아기는 여자의 자궁 속에서 자라난다. 엄마는 아기를 세상 밖으로 내보내며, 초기 몇 년간은 그 아기의 생존을 위한 전적인 책임을 맡고 있다. 그리고 사건은 바로 그 기간 동안 일어난다. 처음엔 워낙 느려서 아무도 눈치 채지 못하다가 어느 순간 모두가 깨닫게 된다. 매력적이었던 그녀가 기괴한 동물의 어미로 전락해버렸다는 사실을. 이것이 바로 우리가 아기를 낳지 않는 네 번째 이유이다.

임신 기간에도 이미 변화는 찾아든다. 엄마가 되어가는 임산부는 자기가 하고 싶은 대로 하지 않고 아기부터 생각하는 데 익숙해진다. 갑작스런 졸음이나 심한 입덧, 심한 허기에 대응하는 법도 배우고 자기 뱃속의 새 생명을 배려하기 시작한다. 담배와 술은 금물이며 생우유 제품도 피한다. 고래 등처럼 빵빵해진 몸매가 출산 후에도 유지되지 않도록 하기 위해 몸무게에 신경을 쓰고 칼로리를 조절한다. 서른이 넘으면 여러 가지 검진을 받고 간간이 클래식 음악이 흘러나오는 녹음기를 배 위에 올려놓기도 한다. 그러면 책을 읽을 수는 없지만 아이가 나중에 좋은 음감과 리듬감을 갖는 데 도움이 될지도 모르기 때문이다. 출산이 임박해오면 퉁퉁 부은 발, 신발 끈을 묶을 수 없을 만큼 불룩해진 배 등 불편한 것이 한두 가지가 아니지만 그래도 아기 방을 꾸미려고 노력하면서 집 전체를 아기를 위한 구조로 바꿔놓는다.

많은 여성들이 임신과 출산을 기꺼이 포기할 수 있다고 말한다

제한된 생활과 좁아진 행동반경 등 많은 변화에도 불구하고 임신은 기쁨으로 충만한 시간으로 간주된다. 그리고 분만이라는 고통스러운 일생일대의 사건을 향해 치닫는다. 분만 시에는 장이 파열되는 경우도 있으며 심한 출혈은 기본이다. 분만은 산모에게 굉장히 위험한 일인 것이다.

하지만 부모는 병원에서의 힘들었던 시간을 미화한다. 가진통과

진통, 분만 그리고 분만 후의 시간들을 일생에서 제일 아름다운 추억으로 여기지 않는 엄마는 이상한 취급을 받을 정도다. 마침내 아기가 태어나면 땡땡하게 부푼 젖가슴이나 또는 젖을 먹일 때의 아픔에 대해 고통을 너무 호소해서도 안 된다. 그건 여자라면 누구나(!) 겪는 세상에서 가장 자연스러운 일 중 하나니까.

하지만 아이를 갖지 않으려는 여성들은 여성의 몸에서 일어나는 변화에 대해 환상을 갖고 있지 않다.

■ **우테**

임신을 한다는 건 한편으론 쉬운 일 같으면서도 또 한편으로 생각하면 힘든 것 같아요. 서로 엇갈린 이야기를 하는 걸 보면 사람마다 다른 것 같기도 하고요. 가령 3개월 간 입덧을 하고 구토를 한다는 말을 들으면 그렇게까지 하면서 임신을 해야 하나 싶어요. 실제로 그런 사람도 있잖아요. 전 그런 고통은 겪고 싶지 않아요. 또 분만하는 장면도 그다지 아름다운 것 같진 않아요. 많은 사람들이 고통스러운 분만이 끝나고 아기를 자기 배 위에 올려놓으면 아픈 기억은 한순간에 잊혀지고 세상에서 제일 행복한 느낌이 든다고 하지만 전 모르겠어요. 아이를 낳을 때 하늘이 노래질 정도로 너무 아프다는데 정말 그 고통이 그렇게 쉽게 잊혀질까요?

■ 질케

모성애, 임신과 출산 그리고 모유수유와 같은 임신과 관련된 신체적인 문제에 대해 많은 생각을 했어요. 전 지금 그것에 대해 아주 심각하게 고민하는 중이죠. 제가 돌보고 있는 열일곱 살 소녀가 만삭이거든요. 우린 일주일에 두세 번 정도 만나요. 오늘은 그녀와 함께 분만 상담을 받으러 갔었죠. 전 솔직히 말해 임신에 대해 그다지 긍정적이지 않아요. 불룩한 배를 가진 산모가 굳이 돼야 할 필요성도 모르겠고요. 사실 좀 혐오스러워요. 어릴 때부터 그랬어요. 그리고 분만하는 장면을 떠올리면 고통스럽고 힘든 것부터 떠올라요. 아무리 초보엄마들이 출산하고 나면 감격스럽다고 해도 마음이 달라지지 않아요. 더 어렸을 땐 임신이 정말 두려웠어요. 그때보단 덜하지만, 전 아이를 가질 생각은 전혀 없어요. 그래도 제 자신이 충분히 여성스럽고 섹시하다고 생각해요.

■ 카렌

젊었을 때 임신과 관련된 신체적 변화가 무척 두려웠어요. 분만 시 겪는 고통을 도저히 못 참을 것 같았죠. 도대체 무엇 때문에 그런 고통을 겪어야 하는 거죠? 그리고 흔히 말하는 "임신 기간 동안은 내 몸이 아닌 것 같다"는 이야기도 너무 낯설고 무서워요. 그런 느낌, 그런 경험, 전 정말 하고 싶지 않아요.

■ 바바라

엄마가 되는 것과 관련된 육체적인 변화에 전혀 흥미가 없어요. 임산부가 되는 것도, 캥거루처럼 배가 불룩해지는 것도 그리고 내 몸속에 나와 아무 상관도 없는 또 하나의 육체가 자라게 되는 것, 나중에 그가 제 젖가슴을 더듬을 거란 사실도 모두 싫어요. 제 표현이 너무 지나치다는 건 저도 알아요. 하지만 진짜 그런 생각이 드는 걸 어쩌겠어요!

출산 후 신생아의 기본 욕구를 충족시키는 것만으로 엄마의 할 일이 끝나는 것은 아니다. 아니 모든 것은 그때부터 본격적으로 시작된다. 영아를 하루 종일 기관에 맡길 수 있는 프랑스나 덴마크와는 달리 독일에선 엄마가 직접 돌보아야 한다. 독일에선 영아를 위탁하는 것이 아이에게 좋지 않다는 주장이 지배적이기 때문이다. 그래서 이제 갓 엄마가 된 그녀는 기진맥진할 때까지 아이를 밤낮으로 보살필 수밖에 없다. 심지어 처진 배와 임신선을 사라지게 만든다는 산후체조를 할 짬조차 없다.

진짜 아기가 필요한 엄마들은 얼마나 될까?

1950~60년대가 인생의 전성기였던 세대들이 갖고 있는 '좋은 엄마'에 대한 이상이 보수적인 사회에서는 아직도 고수되고 있다. 그 시절

좋은 엄마란 일을 하지 않고 늘 아이 곁에 있어주는 엄마였다. 그리고 집에 있다 보니 살림살이를 도맡는 것도 당연했다. 그렇게 그녀의 인생은 제자리걸음을 하게 되었다. 하지만 엄마로서 산더미처럼 쌓인 육아와 가사를 해야 하는 여성은 진정한 여성이 되기 어렵다는 사실을 기민당 위원회 대표들은 별로 나쁘게 생각하지 않는다. 그들은 심지어 1981년에 이렇게 발표했다. "엄마가 됨으로써 여성의 자아실현이 이루어지고", "주부도 하나의 직업이다. 따라서 판매원이나 교사 또는 판사와 동등하게 평가되어야 한다. 어쩌면 세상에서 제일 아름다운 직업일지도 모른다."

반면에 보부아르는 가정주부의 과제를 훨씬 더 현실적으로 평가했다. 그녀는 "여성이 처한 운명이란 바로 영원히 끝나지 않는 전투 속에서 늘 다시금 고군분투하는 것이며, 어쩌다가 좀 유리한 상황이 되어도 결코 최종적인 승리는 그녀의 몫이 아니다. 주부들이 해야 하는 집안일은 끝없이 산 위로 돌을 날라야 했던 시지프스의 고통과 가장 흡사하다"고 저서에서 쓰고 있다.

전통적인 엄마상을 요구하는 이들은 집에서 산더미처럼 쌓인 빨랫감을 처리하고 쉴 새 없이 세탁기와 요람 사이를 왔다갔다하는 엄마의 심정이 어떤지는 아랑곳하지 않고 여전히 엄마와 아이의 장기적인 공생을 주장한다. 몇십 년 전 심리학자 르네 슈피츠와 J. 바울비는 엄마의 품에서 일찍 떨어진 영아와 유아가 보이는 반응들 중에서 특히 우울증의 위험을 지적했다. 하지만 최근의 연구들은 그와 사뭇 다른 결과들을 보여준다. 우울증에 걸린 환자들이 어렸을 때 정상적인 사람들보다 엄마와 떨어지는 경험을 더 많이 했다는 증거는 어디에도 없었다.

하지만 이러한 최근의 연구 결과에 대해 아는 엄마는 거의 없다. 이미 보편화된 '좋은 엄마 증후군'은 자기 아이를 과감하게 전문보육기관에 맡길 수 없게 만든다. 그리고 간혹 그런 자유를 누리려는 여성이 있으면 사회는 즉시 양심의 가책이라는 예방주사를 놓아버린다.

과연 아기를 다른 사람에게 맡기는 이들은 엄마의 자격이 부족한 것인가? 대부분은 힘들어도 자기가 직접 돌보고 아이와 공생관계를 유지하는 편이 낫다고 생각한다. 하지만 그 순간부터 그녀의 인생은 180도 바뀐다. 문예학자 바바라 빈켄은 "여성은 엄마가 되는 순간부터 자신의 생활영역, 활동, 동료, 일상, 경제적 자립성 등 가치가 있는 모든 것을 포기하고 오로지 엄마가 되기 때문이다"고 말한다. 전통적인 엄마상에 얽매이는 한 독립적이고 주체적이었던 여성이라 할지라도 한낱 어미로 탈바꿈될 수밖에 없다.

실용적이고 편하면 만사 오케이

아기가 아무리 엄마를 집 안에 묶어두려 해도 엄마는 가끔 집 밖으로 나갈 결심을 하곤 한다. 하지만 그럴 때면 어디 먼 곳으로 탐험이라도 가는 것처럼 완전무장을 해야 한다. 다음은 엄마의 가방 속에 있어야 할 필수품의 목록이다.

사각사각한 친환경 당근이 든 락앤락 도시락, 봉제인형, 과자통, 베이비로션과 기저귀, 루이보스차가 든 보온병, 모래장난에 필요한 삽, 그리고 물통 등. 이 필수품 중 하나라도 빠지면 엄마들은 외출한 내내 불안해 한다. 아기들의 득달같은 요구를 재빨리 만족시키지 못할까봐.

그렇게 당나귀 등짝처럼 짐이 잔뜩 실린 유모차를 밀고 샌들 차림으로 집 주위를 돌거나 또는 수도 없이 넘어지는 아이를 일으켜 세우거나 멍하니 서 있는 아이의 등을 떠미는 엄마들의 모습을 흔히 볼 수 있다. 그 많은 물건들 중에 엄마 자신을 위한 물건은 거의 없다. 엄마는 아예 핸드백 대신 편리한 배낭을 선택한다. 여분의 젖꼭지를 챙기느라 립스틱도 잊어버린다. 어차피 엄마가 오늘 화장을 했는지 안 했는지 아기는 관심도 없다. 아기에게 중요한 건 자기의 기분이 좋은지와 과연 새로 산 바지를 입고도 놀이터 모래밭에서 마음껏 모래 장난을 할 수 있을까 하는 것뿐이다.

정말 이 주제뿐인가?

절개한 회음부의 상처가 오래전에 다 낫고 출산의 고통이 먼 옛날이야기가 될 때쯤에야 엄마들은 마침내 시간제로 아이를 보육원에 맡길 용기를 낸다. 경우에 따라선 그런 결정을 내릴 때까지 출산 후 몇 해가 지나가버리기도 한다. 부모들 스스로가 운영하는 위탁시설에 자리를 찾은 부모들은 식사준비나 청소를 하며 다른 일들을 돕는다. 거긴 비용도 훨씬 저렴하다. 이 자치행정 시스템이 자칫하면 부업이 될 위험도 있지만 그래도 이 어린이 클럽은 부모에게 무척 매력적이다. 특히 그들은 주도적으로 일한다는 그 자체에 매력을 느낀다. 부모들은 자녀에 관한 일이라면 기꺼이 헌신할 준비가 되어 있다.

이런 식의 보육방식이 엄마들에겐 직업이나 사회적 삶의 대안이 되고 있다고 바바라 빈켄은 말한다. 하지만 그들이 미칠 수 있는 영향력의 범위가 너무 좁다. "새로 시작된 삶에서 그들은 엄마로 구성된 무리 속에 그리고 엄마로서만 존재한다"고 그녀는 말한다. 이렇게 해서 아이와 함께 보내는 여성의 세계는 점점 더 좁아지고 따라서 삶은 제한된다. 우연히 같은 나이의 자녀를 둔 엄마들 외엔 친구도 지인도 없다. 이 엄마들은 오로지 한 가지 주제, 바로 아이밖에 모른다. 성인으로서 그들의 삶은 다양성을 잃고 단조로워진다.

하지만 아이가 없는 이들은 삶에서 한 가지 역할에만 만족하려 하지 않는다. 그래야 할 이유가 없지 않은가? 삶에는 다양한 자기 발전과 자아실현의 가능성이 있고, 엄마 역할 외에도 많은 경험들을 할 수가 있다. 엄마들은 서로 상반되는 역할(엄마와 여자라는)을 동시에 해내기 힘들다. 늘 아이들 곁에 있어야 하는 엄마는 그 밖의 다른 일은 거의 돌보지 않게 되고, 매력적이고 섹시하며 자신의 소망과 목표를 스스로 결정하는 독립적인 여성에서 멀어져 순수한 어미동물로 변신할 수밖에 없다. 반면에 아이 없는 여성은 이런 융합될 수 없는 역할의 바퀴 아래에서 짓눌릴 위험이 없다. 애초에 그런 비현실적인 유토피아 같은 요구를 받지 않으니 훨씬 낫지 않은가.

5 ― 다섯 번째 이유 대도시 화초에서 변두리 잡초로

아이 없는 여성 대부분이 도시에서 사는 것을 좋아한다. 길만 건너면 갓 구운 크루아상과 식빵을 파는 빵집이 있고 문구점이나 구두 가게, 여행사도 그리 멀지 않다. 직장까지는 편리하게 버스나 전철을 이용하면 된다. 가볍게 장을 보러 나갔다가 파가니니에서 펑크 록에 이르기까지 다양한 깜짝 세일품이 진열된 레코드점을 둘러볼 수도 있다. 또 쇼핑이나 산책을 하다가 우연히 지인을 만나면 잠시 수다를 떨거나 근처 카페에 들어가 새로운 소식들을 주고받을 수도 있다.

가끔은 도시에서의 생활이 너무 시끄럽고 스트레스가 된다는 사람도 있다. 하지만 그러면서도 도시를 떠나려고 하진 않는다. 아, 물론 과감하게 생각을 행동으로 옮기는 사람들도 있다. 그들의 이름은 바로 부모! 그들은 생기 넘치는 도심에서 지루하기 짝이 없는 외곽으로 이사를 간다. 아이들 때문에! 이것이 바로 우리가 2세를 포기하고 싶은 다섯 번째 이유이다.

도시 외곽은 정말 생각처럼 이상적인가?

부부가 아이를 얻으면 놀라운 일들이 생긴다. 어느 날 갑자기 도시의 나쁜 공기를 비판하고 시골에서 살기를 꿈꾼다. 심지어 도시 밖에서 한 번도 살아본 적이 없는 이들까지 그렇게 변한다. 그리고 대개는 얼마 지나지 않아 실제로 거주지를 옮긴다. 하지만 고속도로와 스모그에서 벗어나 진짜 자유로운 시골로 가진 못한다. 왜냐하면 그곳에는 일자리가 없기 때문이다. 소젖을 짜거나 칠면조 농장의 수위라도 할 작정이라면 모를까. 그런데도 부모들은 어려운 결심을 한다. 활기찬 도시 생활에서 조용하고 지루한 외곽으로, 여우와 토끼가 서로 인사를 나누는 새로운 보금자리로 옮긴다.

하지만 현대인은 다양한 지역 출신의 재미있는 사람들이 살고 어딜 가나 문화생활이 가능한 곳에 있어야 편함을 느낀다. 도시인들은 극장이나 콘서트장 같은 곳에 자전거로도 몇 분 안에 달려갈 수 있다. 또 미술관을 관람하거나 새로운 식당이나 라이브 음악을 연주하는 클럽을 발견하고 톡톡 튀는 바에서 밤을 샐 수도 있다. 도시의 여성들은 새로운 사건들에 대해 정보가 빠르다. 왜냐하면 이곳에선 그 모든 일들이 바로 코앞에서 일어나기 때문이다.

■ 산드라

전 도시의 삶이 몸속 깊이 배어 있어요. 문화에도 관심이 많고 사회와 삶에 대해 많은 정보를 얻길 원하죠. 시골로 이사 가서 친환경적 농촌 아낙네로 사는 건 상상할 수도 없어요. 전 항상 유연하고 유동적인 걸 중요하게 생각해요. 특히 사고의 유연성을요. 그래서 제 자신의 한계를 직시하고 사고의 지평을 넓히기 위해, 정체되지 않기 위해 자주 여행을 하죠. 다른 사람들은 어떻게 살고 있는지, 제 삶은 어떠한지를 돌아보기 위해서 말이에요.

부모들이 자발적으로 도심을 떠나 변두리로 가는 이유가 혹시 단독주택에서 살고 싶어서는 아닐까? 혹은 변두리로 이동함과 동시에 다양한 국적의 시끌벅적한 이웃들을 잃게 된다는 사실을 잊어버린 게 아닐까? 엄마들은 도시를 떠날 때 무슨 생각을 할까? 엄마가 되면서 더 많은 집안일을 떠안게 되고 아기를 위해 자신의 자유도 기꺼이 내주었는데, 그것도 모자라서 오래된 이웃과 친구로부터 만나자는 전화가 오면 금세 나갈 수 있는 환경, 익숙한 집 주변의 산책로까지 포기하려고 한단 말인가.

초보 엄마들은 사회적 접촉과 친구들의 도움이 많이 필요하다. 그들은 굳이 먼 곳으로 이사를 가지 않아도 충분히 외로움으로 고통받는다고 되르테 에이에케는 말한다.

외로움은 그들이 안고 있는 심각한 문제다. 부모학교에 아이를 데리고 온 여성들은 한결같이 답답해서 견딜 수가 없다고 말한다. 아이를 낳기 전엔 아주 활동적이고 친구들과 교류도 잦았는데 갑자기 하루 종일 집에 갇혀 있으려니 당연한 일 아닌가. 엄마가 되면 나가고 싶다고 아무 때나 나갈 수 있는 게 아니며 아이를 아무 곳에나 데리고 갈 수도 없다. 게다가 어쩌다가 외출이라도 한번 하려고 하면 꼭 다른 문제가 생기곤 한다. 무엇보다 그들은 아이를 동반하더라도 약속을 지키는 법을 배워야 한다. 자신의 흐트러진 모습은 그들을 외롭게 만든다. 그래서 결국 엄마들은 남편이 오기만을 기다리게 된다. 그들에겐 지적인 논쟁을 나누며 그들의 욕구를 들어주고 짐을 덜어줄 누군가가 절실히 필요하다.

부모들이 외곽으로 이사를 하는 이유

불편한 게 한두 가지가 아닐 텐데도 부모들이 먼 곳으로 이사를 하는 데는 다 그럴 만한 이유가 있을 것이다. 아이들이 차에 칠까 두렵고 비싼 월세도 감당하기 힘들다고 말하는 사람들도 있다. 실제로 부동산 시장에서 가족은 그리 유리한 입장이 아니다. 그들은 더 넓은 공간이 필요하지만 맞벌이 부부에 비해 수입이 적기 때문에 좁게 살 수밖에 없다. 가족 연구가 바실리오스 E. 프테나키스와 베른하르트 칼리키, 가브리엘레 페이츠가 1993년 실시한 조사에 따르면 아이 없는 부부들은 1인당 평균 36.9제곱미터의 주거공간을 갖고 있는 반면 아이 있는 부모는 22.1제곱미터로 만족하는 것으로 나타났다. 이 학자들은 도시의 좁은 주거공간이 가족들을 외곽으로 내모는 것 같다고 말한다.

또 부모들 사이에도 도시에서 자란 아이들은 정서적으로 메말라 있다는 믿음이 확산되고 있다. 유아들은 정원이 필요하다고 부모들은 주장한다. 하지만 그것이 절대적으로 옳지만은 않다. 물론 유아들은 개똥과 딱딱한 보도블록 사이에서 축구공을 모는 것보다 풀밭 위에서 뛰어놀길 더 좋아한다. 하지만 도시에도 녹지가 있으며 놀이터(상당히 삭막하다는 건 인정한다)도 있다. 내가 보기에 실제로 정원을 원하는 건 아이들이 아니라 부모 자신인 것 같다. 그들은 정원을 아이들의 놀이터로 사용하고 싶어한다. 그렇게 하면 부모가 "놀이터에 함께 나갈 필요가 없기 때문이다"라고 앞서 언급한 학자들은 말한다.

결국 넓어진 공간은 모든 면에서 장점으로 작용한다. 반면 좁은 공간은 많은 위험을 안고 있다. 실제로 아이들이 언어나 창조적인 면이 발전하기 어렵고 산만하고 공격적이 될 수가 있다. 적당한 실외 공간은 아이들에게 더 큰 공간을 제공하고 자립성을 길러준다. 부모의 목소리가 들릴 정도로 가까운 곳에 있는 놀이터는 좁은 거주지의 부정적인 영향을 상쇄시킬 수 있을 것이라고 학자들은 추측한다.

그런데 이런 정원의 이점에도 불구하고 무엇이 부모들로 하여금 원래의 삶의 터전에서 멀리 떨어진 곳으로 이사하게 만들고 오랜 친구들, 익숙한 것들과 작별하게 만드는지 아이 없는 여성들은 이해하기가 어렵다. 또 그들이 자발적으로 도시의 삶, 흥미진진한 사건들이 일어나는 곳을 포기하고 지루한 곳으로 옮겨가는 것도 납득하기 힘들다.

혹시 그 이면에 얼마 전까지만 해도 콧방귀를 뀌던 라이프스타일로 살아가고 싶은 소망이 숨어 있는 걸까? 아니면 전통적인 부부의 역할 분담과 이웃과의 바비큐 식사, 가족 휴가가 1년 중 가장 기다려지는 그런 평범한 생활이 정말 좋은 걸까? 아이가 없는 여성들은 정말 이해할 수가 없다. 우리는 전혀 다른 삶의 계획을 갖고 있으니까.

6 ─ 여섯 번째 이유 **연립주택이 우주의 중심이 되는 그날**

주변에 보면 사회나 이웃에 대해서는 무관심한 부모들이 많다. 그러면서도 자기 자녀에 관한 일이라면 아주 사소한 일이나 사건에도 감동하고 감격해한다.

어머, 이것 좀 봐. 우리 아이가 벌써 그림을 그리네. 어제는 새로 이가 하나 났어. 글쎄 어젯밤엔 얼마나 놀랐나 몰라. 애가 계속 토를 하잖아…….

이런 식으로 부모들은 일상사를 길게 늘어놓고 서로 의견을 교환하면서 심취해간다. 반면 가족사를 벗어난 일들은 모두 관심 밖이다. 조세개혁에 관한 정부의 정책이나 지역의 문화장려금 축소정책, 세계화를 반대하는 사람들의 시위에 대한 경찰의 강경대응 등에 대해 물으면 언제 그런 일이 있었냐는 표정을 짓는다. 자기 혈육에 관한 일이 삶의 중심이 되면 부모의 세계는 지극히 제한되고 만다. 학원자율화 같은 문제에 비하면 인권이 처참하게 짓밟히고 있는 중동전쟁은 안중에도 없다. 첫아이의 탄생과 더불어 부모들은 정치·사회적 사건들에서 멀어진다. 이것이 우리가 바로 아이를 포기하려는 여섯 번째 이유이다.

이것은 특히 엄마들의 문제이다. 아이를 키우는 것은 대체로 엄마들이기 때문이다. 그것도 대개 몇 년씩 전적으로 부담하면서 말이다. 그녀들의 경험세계는 순식간에 싱크대와 슈퍼마켓, 모래상자로 제한된다. 모든 가정주부와 엄마가 자신들의 제한된 활동 영역을 부정하려고 한다. 하지만 실제로 "그들에게 집은 세계의 중심이며 심지어 유일한 실재 세계이다"고 보부아르는 날카롭게 지적한다.

아빠들의 상황은 이보다는 낫다. 그들은 매일 아침 월요일부터 금요일까지 그냥 집에서 나오기만 하면 된다. 출근길은 가족 중심의 우주에서 빠져나오는 탈출구가 된다. 비록 책상 위에 놓인 사랑하는 가족사진이 그들을 끝없이 바라보고 있긴 하지만 그래도 최소한 여덟 시간 동안만은 좀더 크고 넓은 세계의 일원이 된다. 어떤 남자들은 직장에 있을 때 제일 편하다고 말한다. 반대로 퇴근 시간이나 가족과 함께 지낼 수 있는 주말만 손꼽아 기다린다는 아빠들도 있다.

많은 엄마들의 지평이 자기 집 울타리를 넘지 못하는 반면 아이 없는 여성들은 지역 정책과 세계뉴스에 많은 관심을 갖는다. 게다가 사적 관심사를 초월해 사회 · 정치적 일들에 적극 참여하기도 한다.

■ 카렌

그린피스와 아탁(ATTAC)의 세계화에 반대하는 모임의 회원이며 비상업적 라디오 방송을 지원하고 있다.

전 사회 · 정치적 사건들에 관심이 많아요. 제가 중요하게 생각하는 건 좀더 큰 맥락에서의 삶 속에서 살고, 생각하는 거죠. 자신의 작은 울타리나 이웃들로 이루어진 울타리 속에 갇혀선 안 된다고 생각해요. 자기 영역 너머에 있는 세계를 바라보고 다른 사람들을 함께 생각해야 해요.
이건 제 삶의 목표이기도 하죠.

▪ 모니

전 1980년대 아이예요. 제가 살던 소도시에서 최초로 청소년 카페를
만들었고, 학생 신분으로 그 당시 소도시에서 일어났던 주거지 점령사
건에도 참여했죠. 그 후엔 반핵운동에 참여했고 자유운동과 환경운동
같은 정치적 운동을 함께 했죠. 현재는 특정한 정치연합에 가입되어
있진 않지만 로하스(건강이나 환경을 배려해 지속 가능한 사회를 지향하는
라이프스타일) 정신을 늘 가슴속에 새기고 있어요. 저는 지구의 미래가
비관적이라고 생각해요. 그건 제가 아이를 갖고 싶지 않은 이유이기도
하죠.

인구과잉과 물 부족, 전쟁, 세계화 그리고 인간 복제 가능성과 같
은 문제와 함께 이 세계가 어떻게 변할지는 아무도 모른다. 많은 사
람들이 막연한 미래에 대해 불안해한다. 그리고 산업국가의 국민들
에게는 또 하나의 불안 요소가 있다. 아무도 조상들이 미리 정해놓은
삶의 방식을 따르지 않는다. 농부의 아들은 농장을 물려받지 않고,
평범한 시민 가정의 딸이 자동차 설비를 배워 정비소를 차리기도 한
다. 엘리자베스 벡 게른스하임은 "신여성들은 발전할 수 있다. 하지

만 과연 어디를 향해 갈 것인가?"라고 묻는다. 선배 여성들이 남긴 전철이 없기 때문이다. 하지만 우리 여성들은 새로운 가치관의 빈자리를 채울 능력이 있을 뿐만 아니라 반드시 채워야 한다.

전통적인 가치관은 점점 더 의문스럽고, 심지어 종교조차 그 절대적 믿음에 대한 혼란이 커져만진다. 여기에서도 인간은 갈등한다. 전통적인 독일의 미덕은 이제는 정말 유효하지 않은가. 불교가 기독교보다 나은 것인가? 혹은 당장 세계적으로 유행하고 있는 종교금지 운동에 앞장서는 게 옳은가? 새로운 자유는 인간을 세 가지 불안 요소에 맞닥뜨리게 한다. 첫째는 세상이 어떻게 변할지 불분명하다는 것, 둘째는 수많은 가치관 중에서 소중한 것을 선택해야 한다는 것, 마지막으로 자신의 삶을 스스로 선택하고 꾸미고자 원하며 또 그래야만 한다는 것이다.

부모는 2세에게서 삶의 의미를 구한다

이렇듯 현대적인 삶의 한계 속에서 사람들은 "내적 안정감을 상실했다"고 엘리자베스 벡 게른스하임은 말한다. 어떤 이들은 내적으로 흔들리고, 뿌리나 목표 없이 삶을 살고 있다는 느낌 때문에 가족을 이룬다. "자식은 부모의 삶을 일정한 부분에 고착시키기 때문이다. 자식은 부모에게 존재하는 의미를 부여하며 삶의 내용이 된다."

벡 게른스하임은 여성들이 계층을 막론하고 2세를 삶의 의미를 주는 존재로 이용한다는 것을 깨달았다. 새내기 부모들은 세계 지도가 끝없이 변화하는 현실 속에서 어디엔가 소속되기 위해서는 혈육이 필요할 것 같아서 자식을 갖는다. 그들은 아이에게서 세상의 의미를 구하며 위기로부터의 구원을 약속받는다.

자식에게서 자기 존재의 의미와 목적을 얻고자 하는 사람은 자식을 돌보는 일에 많은 시간과 에너지를 쏟을 준비가 되어 있다. 물론 그 대가는 어마어마하다.

자식은 부모에게 존재감의 무게와 깊이를 부여해주는 일종의 담보다. 자식 안에서 그들은 삼위일체에 대한 믿음과 날아가버린 정치적 꿈들 그리고 잃었던 '영원한 사랑'을 대신해줄 것을 기대한다.

이상적 삶에 대한 의지를 상실한 부부들이 종종 잃어버린 그것을 대신해 줄 것을 자식에게서 찾으려 하는 것을 볼 수 있다. 자식이 그들의 잃어버린 환상을 깨워주고 행복을 보장해주리라 믿는 것이다. 이렇게 부모가 자식을 상대로 정치를 하는 동안 한편에선 자식을 낳는 대신 전 세계를 생각하고 자신의 신념과 유토피아를 위한 싸움을 포기하지 않는 여성들이 있다.

■ 산드라

전 정치적인 이슈에 늘 촉각을 곤두세우고 있어요. 시에서 예산 삭감을
계획하고 있을 때 저는 거리로 나가 다른 사람들과 함께 시위를 벌였
죠. 그리고 우리나라만이 아닌 범세계적인 생각을 한 지는 오래되었어
요. 제가 특히 관심 있는 건 부가 어떻게 분배되어 있으며, 특혜 받지
못한 사람들은 어떻게 살고 있는가 하는 것이죠. 앞으로도 그들, 예를
들어 마약중독자와 난민 같은 사람들을 위해 적극적으로 앞장설 생각
이에요.

■ 울라

만 58세. 사회학 전공. 특히 여성 연구와 성별에 따른 노동시장의 현황
을 주제로 박사논문을 썼다.

한동안 정치 일을 꽤 열심히 했어요. 처음엔 독일 사회주의 학생연합
(SDS)에 있었고, 그 다음엔 사민당(SPD) 그리고 여성운동에도 적극적으
로 참여했죠. 지금은 특별히 소속된 곳 없이 잠시 지켜보는 중이에요.

■ 킴

전 사회 발전과 관련된 일에 보통 사람들보다 훨씬 많은 관심을 갖고 있
다고 자신 있게 말할 수 있어요. 현재 정치 기사를 주로 쓰고 노조의 일
원이죠. 또 16년 전부터는 갇혀 있는 동물들을 풀어주는 운동에 앞장서

고 있어요. 이 운동은 제가 하는 일 중에 제일 많은 애정이 가는 분야이 기도 해요. 가두시위에도 자주 나가고 의회 밖의 단체 활동에도 많이 참여하고요. 예를 들어 제가 살고 있는 구역의 보수계획에 반대하는 일에서부터 전투적인 자전거 시위에 이르기까지 다양한 활동에 참여해요.

전 사람들이 오로지 자기 자식만 돌보고 모든 열정을 쏟는 건 바람직하지 않다고 생각해요. 자기 가족 말고 나머지 세상에 대해서 무관심한 사람은 결코 되고 싶지 않아요. 그건 부끄러운 일이에요. 지극히 이기적이고 원시적인 종족유지나 보수적인 가족 이데올로기에 종속되는 거라고 생각해요.

엄마에게 자신의 애정을 끝없이 받아주는 고마운 자식이 있긴 하지만(직업이 없는 엄마들에게는) 그래도 자신을 계발시킬 수 있는 자극이나 다른 사람들과의 교류가 필요하다. 자극과 사회적 삶이 결핍된 대신 어떤 여성들은 본인과 비슷한 처지의 엄마들과 유사 우주를 만든다. 바바라 빈켄은 이 유사 우주란 여성들에게 어린이 모임의 대표라는 대체경력이 될 수 있는 스스로 조직한 보육 시스템인 경우가 많다고 말한다.

이것은 책임이라는 구실 아래 어른이 아이의 세계로 완전히 퇴행할 수 있는 빌미를 제공하는 행위다. 어른의 삶이 아이 중심으로 바뀐다. 부모 외의 다른 모든 사회적 역할을 버림으로써 어른의 삶은 다양성을 잃는다.

많은 부모들의 세계(특히 엄마들의 세계)가 실제로 복합적이거나 다양하지 않고 좁고 제한적이다. 그 중심에는 가족이 있으며 삶의 모든 사고와 계획 그리고 행동이 가족 중심으로 돌아가며 삶의 내용과 목표도 거기서 나온다. 아이가 없는 여성들에게 세계는 이웃집의 울타리에서 끝나지 않는다. 그들의 관심사는 혈육을 넘어서며 시선은 늘 먼 세상을 향해 있다. 그런 여성들이 과연 광대한 세상을 포기한 채, 시야를 길모퉁이 작은 집 안으로 제한하고 그 외 세상은 희미하게 만들어버리는 부모의 안경을 쓰고 싶겠는가?

7 ─ 일곱 번째 이유 우울함 대신 친밀한 대화

어떤 여성이 고독한 암컷 늑대가 되어 홀로 세상을 헤쳐나가고 싶겠는가? 결합, 다정함, 섹스, 안정된 두 사람처럼 사랑하는 사람과 함께 하는 삶은 인간의 본질적인 그리움을 채워준다. 게다가 결합관계, 즉 파트너십은 인간의 내적 성장을 촉진시킨다고 전문가들은 말한다. 하지만 사랑은 억지로 강요할 수 없다. 또한 우리는 사랑이 찾아온 순간부터 바빠지기 시작한다. 사랑은 끝없이 가꾸고 보살펴줘야 하기 때문이다.

시간은 적고 싸움은 잦아진다

결혼을 해서 부부가 되면 자신들의 관계를 돌볼 여유가 사라진다. 부부는 우선 아이에 관심을 집중시킨다. 이렇게 부모는 자식에게 많은 시간과 에너지를 빼앗기고 정작 두 사람의 관계를 위한 열정은 자식을 위해 양보한다. 점차 대화가 적어지고 싸움이 늘어나며 더 격렬해지고 함께 관계를 갖는 횟수도 눈에 띄게 줄어든다. 대부분의 부모들이 서로의 관계에 대해 불만을 갖고 있다. 이것이 우리가 차라리 아이를 포기하려고 하는 일곱 번째 이유이다.

독일에는 점점 독신이 증가하지만 홀로 사는 독신 모두가 애인이 없는 건 아니다. 파트너가 있지만 그들과 결혼을 하거나 가족을 이루지 않는 것뿐이다. 대부분의 사람들에게 독신생활은 그다지 희망하는 삶의 형태는 아니다. 사람들은 대체로 가족이라는 다각적인 관계 속에서 성장하고 싶어하기 때문이다. 하지만 자식이 부부관계를 돌볼 시간을 앗아간다는 생각은 비단 2세 계획이 없는 여성들만 갖고 있는 것이 아니다.

관계를 유지하고 가꿔나가기 위한 노력은 매우 힘든 것이다. 특히 전통적인 부모들과는 달리 새로운 모습을 시도하고자 애쓰는 이들에게는 더더욱 그러하다. 예전에는 여성이 할일(살림과 육아)과 남성의 영역(돈과 차고)이 명확하게 구분되어 있었던 반면 요즘은 그 역할이 뒤바뀐 모습도 자주 볼 수 있다. "과거 300년보다 최근 30~40년 동안 섹스나 부부관계, 가족관계가 더 많이 변했다"고 부부치료사 유르크 빌리는 말한다.

요즘은 동성애자들도 자신을 숨기지 않는다. 부부처럼 아이를 입양해서 키우기도 한다. 또 이성 커플들의 생활도 다양해졌다. 서로 다른 집에 살던 두 사람이 살림은 합치지만 결혼은 하지 않고 아이도 낳지 않는 경우가 있는가 하면, 여러 도시를 옮겨 다니면서 주중에는 서로 전화만 하는 커플들도 있다.

커플로 살기를 원하면 공동의 삶에 어느 정도 에너지를 쏟을 준비가 되어 있어야 한다. 두 사람 모두 만족스럽게 살기 위해선 관계 속에서 동등하게 발전할 수 있어야 한다. 그렇지 않고 어느 한쪽이 불공평하게 느끼면 관계는 유지되기 어렵다. 하지만 두 사람 사이에 아이가 생기면 공평함에 대한 감각은 금세 사라진다. 아이의 출현은 엄마에겐 직업이 밀려나고 가사는 밀려옴을 뜻한다. 또한 아빠보다 훨씬 더 많은 시간을 자식을 보살피는 데 써야 하고 동시에 다른 관심사에서는 물러서야 한다.

전통적인 역할 분배가 다시 도래한다

둘만의 삶에서 세 사람을 위한 삶으로 바꿔야 하는 새로운 과제는 부모에게 스트레스를 준다. 이런 부담 앞에서는 심지어 젊은 커플들도 동등한 일 분배 원칙을 잊어버리는 것 같다. 아이가 태어나면 이전까지 해오던 역할 분담이 자연스럽게 깨진다. 그래야 모든 것이 더 편하고 쉽다는 착각 때문이다. 남자들은 육아휴직을 신청하는 법이 거의 없고 일을 쉬는 건 대개 여자다. 그리고 엄마가 아이 때문에 어차피 집에 있어야 한다면 아이를 돌보는 일 외에 집안일도 병행해야 한다고 자연스럽게 생각한다. 자식이 생기자마자 부부는 자신들이 비웃고 완강하게 거부해왔던 부모 세대의 생활 방식을 그대로 답습한다.

이전에는 두 사람 모두 돈도 벌고 청소도 함께 했지만 아이가 태어나자마자 전통적인 역할 분담이 슬그머니 자리를 잡는다. 엄마는 환영받지 못하고 대가도 없고 별 특권도 없는 자질구레한 일을 맡고, 아빠는 돈을 벌며 어깨에 힘을 준다. 심지어 '자기가' 힘들게 번 돈이라며 간섭을 한다. "아이가 하나 이상이면 남자와 여자의 평등관계는 끝이다"라고 유르크 빌리는 단정한다.

뿐만 아니라 유명한 가족 연구가들이 커플 간의 이 슬픈 변화를 한 목소리로 지적하고 있다. 하지만 안타깝게도 그 굴레를 벗어나기란 무척 어려워 보인다. 점점 여성이 있을 곳은 '부엌'이라는 생각이 지배적이던 시대로 퇴보한다.

또한 집안일과 돈 버는 일이 구분되면서 남자와 여자가 서로 완전히 다른 세계에서 활동하게 되고 부부의 경험세계에 커다란 틈이 벌어진다. 직업 생활을 하는 사람(대개 남자)은 여자가 엄마로서 처음 새롭게 맞이하게 되는 '자식과 부엌'이라는 우주에 대해 거의 알지 못한다. 따라서 상대방이 안고 있는 문제를 전혀 이해하지 못하는 것은 너무나 당연하다.

아이 없는 여성들은 대부분 남편과 삶의 모든 영역을 공유하고자 한다. 성의 평등함을 보장받는 것은 말할 것도 없다. 그들은 자기 돈을 갖고 싶어하고 남자에게 현대적인 역할 분담을 기대한다. 당연히 가사에 참여하는 것도 포함된다. 한 조사에서 아이 없는 여성들은 전반적으로 아이 있는 여성들에 비해서 남편에게 요구하는 것이 많다는 결과가 나왔다. 그리고 그들은 자신의 기대가 충족되지 않았을 때 언제라도 헤어질 각오가 되어 있었다.

아이 없는 여성이 부부관계에서 타협에 인색한 반면 많은 엄마들은 불공평한 역할 분담을 어쩔 수 없이 수용한다. 그 결과 여성은 "남편에게 심한 비난을 퍼붓고 남자는 그 비난을 양심의 가책과 함께 묵묵히 듣는다"고 빌리는 말한다. 하지만 변하는 건 없다. 여전히 하찮은 집안일은 그녀의 몫이다. 엄마는 분노하고 아빠는 대꾸 없이 그 자리를 피하면 결국 아이에게 부정적인 영향을 주게 된다고 가족 연구가 프테나키스와 칼리키, 페이츠는 말한다.

그들은 부부 사이의 만족도를 조사하고 부부들을 임신에서부터 출산 후 3년까지 지켜보았다. 그런데 관찰 결과는 (자녀계획이 있는 사람들에게) 썩 고무적이지 않았다. 임신 7개월 이후부터 부부는 대화하는 시간이 줄었고, 어쩌다가 대화를 할 때도 서로에 대한 애정이나 상대방을 소중하게 여기는 느낌이 별로 없었다고 한다.

다정함을 표현할 시간이 없다

그들은 임신 말기부턴 서로를 애무하는 시간도 극히 줄어들었음을 확인했다. 그 후로도 지속적으로 서로에 대한 다정함이 줄어들었고 심지어 냉각 상태를 보이기도 했다. 즉 부부에게 아이가 생기면 서로에게 애틋하던 감정들이 무미건조해지기 쉽다. 또 부모가 되는 과정에서 격렬한 언쟁도 자주 생겼다. 초보 부모들은 임신 7개월부터 출산 후 3년까지 자주 심한 말다툼을 했다.

다시 말해 부모는 대화가 줄고 더 자주 싸우며 부모가 되기 전보다 애정 관계에도 덜 만족했다. 이 연구결과는 아기가 부부관계를 방해할 거라는 (아이를 갖지 않는 여성들의) 짐작이 사실임을 증명해준다. 가족 모델의 대변자들은 이런 현상이 아이 때문이 아니라 이미 그 전에 사랑이 식었기 때문이라고 말한다. 물론 그 말도 일리는 있다. 아무리 애틋한 사이라도 10년이 지나면 처음만큼 좋기 어렵고 또 세월이 흐르면서 서로의 소중함을 잊어버리게 된다. 하지만 부모는 그보다 훨씬 불리하다. 아이가 있는 커플과 없는 커플을 대상으로 한 최근 연구에서 첫아이의 출산 후 관계의 질이 명백히 나빠지는 것을 확인했다.

따라서 아이가 뱃속에서 자랄 때부터 부부 간의 애정이 식기 시작한다는 생각은 타당하다. 하지만 초보 부모들은 부모가 된 첫해부터 관계가 많이 소홀해졌음에도 불구하고 그 사실을 받아들이려 하지 않는다. 아기 안아주기, 책 읽어주기, 사춘기 무사히 넘기기에 너무 열중한 나머지 냉각된 부부관계에 대해 돌아볼 여유가 없다. 그들은 예전의 낭만적이고 친밀하고 밀착됐던 관계가 아이의 요구를 들어주기 위한 논스톱 서비스에 밀려나도 어쩔 수 없는 것으로 받아들인다.

둘만의 시간이 없다

자식은 부모의 관계를 테스트한다. 유르크 빌리는 『사랑의 심리학』에서 자식이 애정관계에 심오한 의미를 부여한다고 주장하면서도 자식으로 인한 스트레스에 대해서도 숨기지 않는다. 자식은 사랑하는 두 사람의 관계를 방해하고 심지어 파괴하기도 한다. 아이에 대한 집착은 곧 노동의 증가를 의미한다. 자식으로 인해 할일이 너무 많아지지만 부부가 더 이상 둘만의 관계를 보살피거나 잠자리조차 할 시간이 없어진다. "또는 어쩌다가 시간이 나더라도 둘 다 녹초가 되어서 흥미를 느끼지 못한다"고 밝혔다.

전통적이고 불공평한 부부의 역할 분배는 여성을 불만에 차게 하고 성생활에도 영향을 미친다. 여성이 일 분배가 정당하다고 느낄 때만 부부의 잠자리도 활기를 띤다고 한 연구 결과에서 밝혀졌다.

부부 사이에 에로틱이 사라지는 데는 또 다른 원인들이 있다. 많은 여성들이 출산 후 육체적·심리적으로 지쳐 있다. 일상적인 걱정과 스트레스, 존재 위기감, 산더미 같은 집안일, 이 모든 것이 엄마들로 하여금 오랫동안 섹스에 흥미를 못 느끼게 만든다. 게다가 여성은 남자보다 자식에게 감정적으로 더 밀착되어 있다. 빌리는 자식보다 더 열악한 애정파괴자는 없다고 말한다.

자식은 심각한 욕정의 살인자이다. 그들은 느슨해진 부부관계를 더 어렵게 만들고 부부 간의 공간적·시간적 경계를 허용하지 않으며, 어쩌다가 그런 기회가 와도 부부는 이미 섹스를 하기에 너무 지쳐 있다.

자식은 부부의 삶을 크게 파괴시킬 수 있다. 부부의 시간을 훔치고 에너지를 **빼앗아가며** 부모에게 산더미 같은 숙제들을 안겨준다. 이런 점은 특히 뒤늦게 아이를 안 갖기로 결심한 여성들에게 결정적인 이유가 된다고 크리스티네 칼은 말한다. 하지만 그들만 그런 생각을 하는 건 아니다. 서로를 아직 사랑하는데, 둘만의 은밀한 시간을 가질 수 없다면 누가 좋아하겠는가?

두 사람이 대화를 나눌 수 있는 시간은 9시 뉴스가 끝나야 겨우 찾아온다. 그렇게 마침내 둘만 남게 되면 부부는 우선 아이 문제와 가족사에 관한 것부터 의논한다. 아기 엉덩이에 난 뾰루지, 놀이방의 못된 보육교사, 또는 패스트푸드가 아이들에게 얼마나 해로운가 등등. 사랑이 달아나지 않도록 서로의 관계를 위한 일을 도모해야 할 때이지만 역시 둘을 위한 시간은 찾아오지 않는다. 물론 아이가 없는 이들이라고 늘 뜨거운 애정관계를 유지하지는 않는다. 하지만 애틋한 감정을 되찾기가 부모들보단 훨씬 쉽다. 왜냐하면 두 사람에게는 전통적인 부모의 역할을 부담지우고 관계의 질을 떨어뜨리는 자식이 없기 때문이다.

8 — 여덟 번째 이유 아이 걱정 없이 바(bar) 찾기

엄마는 어떤 점에서 애완동물이나 마찬가지이다. 자유롭게 다닐 수 있는 데라곤 오직 내 집 울타리 안뿐이니까. 그곳을 벗어나기 위해선 남편과 미리 시간 약속을 해두거나 대신 아이를 봐줄 누군가를 찾아야 한다. 다시 말해 엄마는 자립성이나 활동성과는 거리가 멀다. 아이를 책임지고 있는 사람은 나머지 가족들을 배려하지 않고선 아무런 결정도 내릴 수가 없다. 집 밖에서의 모임은 모두 시간 제약이 따른다. 이 경우 나머지 한 사람은(두 사람이 함께 살 경우) 아이를 돌보기 위해 모든 약속을 거절해야 한다. 부모가 됨으로써 개인적인 자유와 유동성은 사라진다. 또한 (아이가 없는) 친구들은 아이에 관한 이야기를 늘어놓기에 적당하지 않으므로 아이를 가진 새로운 친구를 사귀어야 한다. 이것이 우리가 아이를 갖지 않으려는 여덟 번째 이유이다.

자유시간도 잃고 직장에서도 뒤처진다

엄마에게는 제약이 많다. 항상 육아를 맡아야 하기 때문에 부모가 된 초기엔 더욱 후유증이 크다. 어린 아기 때문에 맘대로 다닐 수도 없고 아이 때문에 직장도 잠시 (또는 영원히) 쉬어야 한다. 몇 년이 지난 후 다시 일을 하려고 해도 쉽지 않고 그나마 할 수 있는 일은 거의 파트타임제뿐이다. 그런 일들은 수입만 적은 게 아니라 책임 비중도 적은 경우가 대부분이다. 직업을 통한 자아실현을 중요하게 여기는 이들에겐 바로 이런 점이 출산을 망설이는 이유가 된다.

제가 대학을 다닌 건 바로 지금의 일을 하기 위해서였어요. 전 아무 프로그램 일이나 하고 싶진 않았거든요. 시간제로 대충 일할 거였으면 굳이 대학에 다닐 필요도 없었죠.

아이가 없는 사람으로서 좀더 자유로운 점이라면 바로 유동성이 있다는 거예요. 그건 제가 가장 중요하게 생각하는 부분이기도 하죠. 물론 멕시코 여행 중에 아이가 있는 사람들을 만난 적도 있어요. 물론 자식이 있다고 멕시코 여행을 못하란 법은 없겠죠. 하지만 그들은 우리가 일주일 만에 할 수 있는 일에 거의 한 달이 필요했어요. 아이가 있다고 못할 일은 없겠지만 지금처럼 즉흥적이긴 힘들어요.

부모들은 직장에서 퇴보하는 것을 감수해야 할 뿐만 아니라 자유의 제약도 각오해야 한다. 프테나키스와 칼리키 그리고 페이츠는 가족 연구를 통해 부모가 됨과 동시에 '집 밖에서의 여가활동의 제약'이 뒤따른다는 점을 지적했다. 그들에 따르면 부모들은 개인적인 관심사를 대부분 접어야 한다. 만일 '부부의 개별적 또는 공동 활동'을 완전히 포기하지 않으려면 사전에 반드시 약속하고 계획해야 한다. 즉 부모는 자신의 소망을 양보하고 자유 시간을 자식에 맞추며 다 함께 외출을 할 때는 아이들이 함께 가도 되는 곳을 선택해야 한다. 바로 그런 것들이 자식을 원하지 않는 이들에겐 제약으로 느껴지는 점들이다.

■ 바바라

제게 아이가 있다면 어떨까 생각해보면 정말 끔찍해요. 밤낮으로 누군
가를 돌보고 책임지고 싶은 마음은 전혀 없거든요. 제 자신을 책임지는
것 외에 다른 사람은 아무도 책임지고 싶지 않아요. 제 남자친구도 마
찬가지고요. 그리고 제 생활을 아이에게 맞추고 싶지도 않아요. 게다가
누군가에게 뭘 가르쳐야 한다니, 얼마나 재미없을까요? 전 평생 교사
는 될 수 없을 것 같아요. 아이들은 늘 새로운 걸 배우고 싶어하고 끝없
이 질문을 하죠. 그럴 때마다 설명을 해줘야 하다니, 맙소사! 차라리 포
기하는 게 나아요.

자식이 부모의 삶을 변하게 하고 부모가 되기 전에 세웠던 계획을
완전히 뒤죽박죽으로 만들리란 것은 불 보듯 뻔하다. 하지만 예비 부
모들은 설마 하며 쉽게 생각하는 경향이 있다. "설마 완전히 생활이
뒤바뀌기야 하겠어요?"라든가 "아이들과 많은 걸 함께 계획할 수 있
을 거예요"라고 자신 있게 말한다. 하지만 아이들은 잠자는 시간만
제외하곤 늘 움직이며 모든 것이 궁금한 것투성이여서 엄마 아빠를
잠시도 그냥 두지 않는다. 게다가 모처럼 편히 쉬고 싶은 주말이면
엄마 아빠의 마음은 아랑곳하지 않고 아이들은 평소보다 더 일찍 일
어나 집 안을 쑥대밭으로 만들어놓기 일쑤다.

여가시간도 아이들이 정한다

토요일엔 우선 늦게까지 잠을 자고 침대에서 커피를 마시면서 여유 있게 신문을 읽고 친구에게 전화를 걸어 오후에 배드민턴 약속을 하고, 저녁에는 애인과 영화관에 갔다가 단골 바에 들러 술도 적당히 마시고 책을 읽거나 섹스를 하고 다시 잠이 든다…….

여유로운 주말에 대한 이런 상상을 부모들은 아예 포기하는 게 좋다. 아이가 생기면 모든 것이 변한다. 여가 시간에 운동이나 쇼핑을 하고 또는 그냥 집에서 쉬던 습관들과 이별해야 한다. 아이들은 주말이면 오직 부모와 함께 뭔가 하기만을 기다린다. 조금 시간이 있는 것을 눈치 채자마자 당장 온 가족이 함께 할 수 있는 일, 가령 놀이동산을 가거나 소풍을 가자고 졸라댄다. 그러면 금세 눈물이 떨어질 것 같은 애처로운 눈망울을 외면할 수 없는 부모는 여가시간을 지금까지와는 전혀 다른 곳에서 보낼 수밖에 없다. 미술관 대신 아이들을 위한 파티에 가고 낚시 대신 사파리 동물원에, 록 콘서트와 맥주 대신 옛날이야기를 들려주고 뜨거운 우유를 함께 마셔야 한다.

그리고 아이 방이 조용해질 때쯤이면 부모는 반쯤 잠긴 눈꺼풀 사이로 시계를 본다. 저녁 모임이나 맥주바에 가기엔 이미 너무 늦은 시간이다. 특히 엄마들은 이미 모든 가게가 문을 닫은 시간의 외출을 사양한다. 그 이유는 다양하다. "아이들 때문에 녹초가 되어서" 또는

"집이 더 편해서" 등등. 물론 집이 편한 건 맞다. 하지만 일명 베이비폰이라 불리는 기계가 삑삑거리면 평화로움도 끝이다!

아기가 깨면 알려주는 이 기계는 흔히 잘 보이도록 탁자 가운데 놓여 있다. 거슬리는 탁탁 소리와 규칙적인 깜빡거림은 아이를 돌보는 사람이나 손님으로 하여금 대기의무를 잊지 않도록 해준다. 이 병아리 모양의 기계는 요즘 부모들로부터 대단한 발명품이라는 찬사를 받고 있다. 이 기계 덕분에 저녁 시간이 좀 편해졌기 때문이다.

하지만 늘 그런 건 아니다. 가끔 알람소리가 음악소리에 묻혀버리거나, 주파수의 혼선으로 옆집 아기의 울음소리를 내 아기의 울음소리로 착각할 수도 있기 때문이다. 게다가 베이비폰의 작동범위는 겨우 2~3미터에 불과하다. 그러니까 아기 방에서 겨우 지하실에 있는 세탁실 정도다. 그러므로 그보다 더 먼 곳, 가령 맥주바까지 가는 건 불가능하다.

부모 중 한 사람이 매일 밤 친숙한 베이비폰과 보낼 때 아이가 없는 이들은 친구와 영화를 보거나 콘서트에 가거나 맥주바에 갈 수 있다. 또는 외출하기 싫을 땐 일찌감치 자리에 누워 일어나고 싶을 때까지 푹 잘 수도 있다. 일어나야 할 시간을 정해주는 자식따윈 없으니까.

■ 울라

58세. 사회학 전공. 25년 전부터 심리치료사로 일하며 슈퍼바이저다.

제게 자식이 있었다면 제 인생은 지금과 달랐을 거예요. 저만의 삶이 아니라 그보다 훨씬 더 넓은 부분까지 생각해야 했을 테니까요. 자식이란 책임져야 할 대상이 늘어나는 것을 의미하기 때문에 자신의 욕구는 상대적으로 양보할 수밖에 없죠. 바로 이런 점 때문에 전 아이를 원하지 않아요. 저 말고 아이까지 늘 함께 고려하다 보면 뭐든 자유롭게 결정할 수가 없잖아요.

부모는 개인 자유의 일부를 잃게 된다. 점점 더 많은 시간을 아이와 보내다 보면 함께 어울리는 친구들도 바뀌게 마련이다. "부모는 다른 부모들과의 접촉에 많이 의존한다. 거의 모든 부모들이 아이가 생기면서 친구의 부류가 바뀌었다고 말한다. 부모가 되기 전에는 자기와 비슷한 상황의 커플들과 만나다가 갑자기 새 친구들을 사귀어야 한다"고 되르테 에이에케는 말한다. 이만하면 아이의 탄생이 일으키는 변화가 얼마나 큰지 명확해지지 않는가.

일반적인 경우 젊은 엄마는 지금과는 전혀 다른 일, 즉 컴퓨터를 쓰고 다양한 자료를 분류하는 대신 아기에게 이유식을 먹이는 일을 해야 할 뿐만 아니라, 어쩌다가 아이로부터 잠시 자유로워져도 옛 습관으로 돌아가거나 옛 친구들을 만나긴 어렵다. 오래 사귄 (아이가 없는) 친구와 직장에서 있었던 황당한 일에 대해 이야기하거나 정치와 애정관계에 대해 토론을 하는 대신 초보 엄마는 산모들의 모임에서 새 친구를 찾아야 한다. 옛 친구는 모유수유 문제에 대한 적절한 대화상대가 될 수 없기 때문에 같은 또래의 아이가 있다는 사실 외엔 별다른 공통점이 없는 여자들과 새로운 관계를 맺는다.

자식이 태어남으로써 변하는 건 열 손가락으로 다 꼽을 수도 없을 만큼 많다. 외출시간을 미리 계획해야 하고, 또 다른 개인적인 자유들도 사라진다. 아이를 키우려면 자신의 삶은 일단 유보해야 한다고 엘리자베스 벡 게른스하임은 말한다.

요즘은 자식이 있다는 것이 특히 여성들에겐 현대성의 포기를 의미한다. 현대성이란 자기 자신이 세상의 중심이 되며 유동성과 독립성을 계명으로 삼는 능동적인 삶을 뜻한다.

2세를 얻음으로써 얻게 되는 기쁨에 대해 엄마는 너무나 큰 대가를 지불해야 한다. 대표적으로 아이 없는 여성들이 특히 소중하게 생각하는 여성 해방적인 삶을 포기할 수밖에 없다. 반면 자식을 원하지 않는 여성들은 자유롭고 독립적이며 스스로 결정하며 살길 원한다. 그들이 자식을 얻는 대가가 너무 크다고 생각하는 건 결코 과장이 아니다.

9 — 아홉 번째 이유 문 앞에 세워진 콤비 대신 여유 있는 삶을 택한다

부모들이 빠듯한 가족 통장에 대해 한탄하는 걸 듣다 보면 정말 짜증스럽다. 어떤 이들은 맞벌이 부부만큼 지출이 많다고 하고 또 어떤 이는 역시 지갑은 얄팍한데 아이들에게 나가는 돈이 얼마나 많은지 놀랍기만 하다고 말한다. 아이들에게 돈이 많이 들어간다는 건 누구나 다 아는 사실이다. 물론 국가가 약간의 돈을 보조해주긴 하지만 대부분의 비용은 부모 자신이 책임져야 한다. 프테나키스와 칼리키, 페이츠도 연구를 통해 그러한 사실을 확인했다. 그들은 부모들이 자주 아슬아슬한 재정적 상황에 처하며, 아는 부모로부터 중고 유아용품을 물려받거나 심지어 친척으로부터 경제적인 도움을 받기도 한다고 말한다. 얄팍한 지갑에 마음이 편할 리 만무하고 그렇다고 남에게 경제적인 도움을 받는다는 건 완벽한 경제적 자립성의 원칙에 어긋난다는 것이 우리가 아이를 갖지 않는 아홉 번째 이유이다.

만 2세의 아기 한 명당 드는 비용이 10만 유로

아이 한 명에 들어가는 돈은 만만치 않다. 〈맥스〉는 2001년 봄호에 한 아이당 18세까지 먹고 재우고 입히는 비용과 여행비, 전화비, 교육비까지 모두 합해서 90,000유로가 든다고 추정했다. 하지만 이것은 아주 빠듯하게 잡은 최소비용에 불과하다. 경제매거진 〈피난츠차이트〉는 2003년 4월호에서 최소 125,000유로는 예상해야 한다고 밝혔다. 북독일 라디오 방송이 2002년 9월 9일에 발표한 금액도 이와 유사하다. 이 발표에 따르면 한 아이당 매달 800유로가 든다고 한다. 그중 정부가 4분의 1을 책임진다고 하더라도 부모는 매달 600유로를 쏟아부어야 한다. 그렇게 성인이 될 때까지를 계산해보면 부모는 한 아이당 129,600유로라는 어마어마한 금액을 투자해야 한다는 결론이 나온다. 게다가 요즘은 자식이 18세가 지나도 계속 돌봐주는 부모들이 늘고 있다. 대학에 진학하면 부모는 최소한 6년을 더 보조해야 하며, 그러면 172,800유로라는 금액이 나온다.

90,000만 유로이건 그 두 배이건 간에 만약 아이가 없다면 그 돈으로 무엇을 할 수 있을지 한번 생각해보라. 세계일주를 위한 적당한 크기의 보트를 빌리거나, 제3세계의 굶주린 아이들 5,184명의 후원자가 되어줄 수도 있고(매달 25유로가 든다), 여러 개의 라디오 채널을 사서 흥미로운 주제를 토론하거나 흥겨운 음악을 틀어줄 수도 있다.

물론 아이를 포기하는 이들 중 그렇게 많은 돈을 한 번에 가질 수 있는 사람은 드물 것이다. 부모들 또한 그렇게 많은 돈을 한 번에 버는 것은 아니다. 말 그대로 덜 먹고 덜 쓰면서 20여 년간 절약한 결과이다. 그래서인지 아이가 없는 이들은 대개 예금통장에 매달 평균

200~300 유로씩은 더 남아 있다. 따라서 그들에게 쇼핑 중독자라고 욕하는 건 정당하지 않다. 오히려 진짜 과소비자는 아이들이다. 아이들의 물질적인 욕망은 끝이 없기에 엄마는 훨씬 더 많은 물건을 사들이게 된다.

눈 덩어리처럼 불어나는 지출

위의 계산대로라면 부모는 첫아이가 태어난 후 대략 10만 유로 이상의 금액을 모아야 한다. 그런데 그 돈이 모두 어디에 쓰이는지 한번 살펴보자. 그들은 아이가 없는 커플보다 더 많이 사고 써야 할 것 같은 압박감에 시달린다. 그러한 압박은 다양한 곳에서 나타난다. 요즘 유아용품들은 실용적일 뿐만 아니라 유행에 민감하다. 유행은 이미 유치원생들부터 파고들기 시작한다. 즉 유치원생이라도 유행에 뒤떨어진 바지를 입으면 왕따를 당하기가 쉽다.

이런 이유 때문에 친한 사람들로부터 유아용품을 물려받기도 어렵다. 요즘 아이들은 특권계층이기 때문에 외모도 그에 걸맞아야 한다. 따라서 가능한 한 새롭고 좋은 물건을 써야 한다. 헌옷을 입으면 가난한 집안 아이로 오해받을 위험이 너무 크다. 게다가 더 위험한 건 아이가 다른 사람들의 말을 마음속에 새긴다는 점이다. 아이들은 학교에 가자마자 싸구려 옷과 메이커 옷의 차이를 알게 된다. 또 단순히 메이커 청바지를 사달라고 조르는 데서 끝나지 않는다. 산악용 자전거나 플레이스테이션 같은 사치품에 대한 집요한 요구는 가족의 금고에 점점 더 큰 구멍을 만든다.

그리고 특히 바비카(29.95유로), 바이오니클-몬스터머신(개당 8.99유로부터), 바비인형(신부세트, 31.95유로), 게임보이(129유로) 등과 같은 장난감은 소위 아이들의 기본적인 필수품에 속한다. 이보다 더 심한 요구라도 부모들은 쉽게 거절하기가 어렵다. 자기 혼자 보는 텔레비전이나 CD플레이어, 컴퓨터, DVD, 핸드폰, 자동차 또는 오토바이 면허증과 그에 맞는 자동차, 오토바이까지 자녀들의 요구는 도대체 끝이 안 보인다.

스타일에 대한 자신감은 사라진다

부모들은 자식의 장난감이나 교육을 위해 많은 돈을 써야 한다. 그리고 늘어나는 지출 중에는 분명 새로 구입한 차의 할부금도 포함되어 있을 것이다. 그런데 새로운 가족용 차를 보면 여지없이 부모의 개인적 취향은 온데간데없다는 걸 알 수 있다. 아이들을 차 안으로 밀어넣고 등을 구부린 채 힘들게 안전벨트를 매주고 과자를 쥐어주며 또 어제 시트에 흘린 과자 부스러기를 손으로 쓸어낸 다음, 마침내 운전석에 앉는다면 분명 하얀색 카데트 콤비이거나 오펠 아스트라 자동차일 것이다.

부모가 그 전에 폴로를 몰았건 아니면 폰티악이나 포르쉐를 탔건 상관없이 첫아이의 탄생은 그들의 개인적 선호도와 취향을 무뎌지게 만든다. 그들은 앞서 간 수천수만 부모들과 같은 차종을 고른다. 흰 콤비는 실용적일진 몰라도 개성이 없는 차이다. 필수품 중 하나인 '아기가 타고 있어요'라는 팻말과 뒷좌석 오른쪽 창문에 붙은 햇빛가리개는 다른 운전자들에게 그 차의 주인이 대단한 유명인사가 아니라 자부심 넘치는 흔하디 흔한 엄마 또는 아빠임을 암시한다.

부모들에게서 볼 수 있는 이 한결같은 스타일은 아이와 함께 따라 오는 한 가지 현상에 불과하다. 취향의 몰락보다 더 나쁜 건 정도를 넘은 과소비 성향이다. 아이의 분노를 잠재우기 위해, 또는 눈물을 그치게 하려고 부모들은 내일이면 장난감 상자 속에서 잊혀지게 될 수많은 것들을 사들인다. 게다가 배터리로 작동하는 플라스틱 장난감뿐만 아니라 아이의 두뇌계발을 위한 것이라면 아낌없이 투자한다. 아이의 능력을 최대한 길러줘야 한다는 사회적 압박이 너무 크기 때문이다. 물론 가능성도 많지만 대부분 상당한 대가를 요구한다.

"가능한 한 모든 사소한 장애도 교정되어야 한다(사시나 말더듬이 또는 이부자리에 오줌 싸는 야뇨증 등)"고 엘리자베스 벡 게른스하임은 말한다. "가능한 한 모든 재능을 계발해야 한다. 이런 이유로 피아노 교습, 어학연수, 하계 테니스캠프 또는 동계 스키캠프 등이 호황을 누린다." 이런 상황이다 보니 '아이의 다중지능계발을 위한 프로그램들'이 활개를 친다.

불쌍한 부모들. 그들은 자식들의 만족할 줄 모르는 욕구와 아이의 지능계발을 위해 최선을 다해야 한다는 압박을 받으면서 가족의 금고 사정과 가훈을 고려해 수많은 가능성들 중 몇 가지를 선택해야 한다. 하지만 부모가 어떤 선택을 하건 "고맙습니다"라는 말보단 절망적인 울음소리를 듣기가 더 쉽다. 이러한 딜레마로부터 시원하게 빠져나갈 탈출구는 없다. 아이들의 요구를 거부하면 아이들은 부모에게 원망을 퍼붓는다. 로스앤젤레스로 어학연수를 보내주지 않으면 구두쇠라는 비난을 듣는다. 그러면서도 부모는 뒤돌아서서 자기 아이가 영어를 잘 못하면 다 못난 부모 탓이 아닐까 걱정을 한다.

부모들은 아이 때문에 끝없이 새로운 내역의 지출을 부담해야 한다. 물론 아이가 없다고 해서 아이 없는 사람 대부분이 마치 크뢰수스(대부호의 이름)처럼 사는 건 아니다. 하지만 적어도 통장이 늘 마이너스거나 뭔가를 하기 전에 가족들 앞에서 해명부터 할 필요는 없다. 부모는 2세를 위해 필요한 돈을 매달 자신이 써야 할 돈에서 제한다. 가령 구멍 난 자신의 치아를 금 대신 아말감으로 때우고 머리 염색을 직접 하고 외식도 줄이고 문화생활과도 단절한다. 아이가 없는 이들은 이런 점에서 그들보다 낫다. 부모와 반대로 삶의 질을 높여주는, 작지만 섬세한 것들을 포기할 필요가 없다.

10 - 열 번째 이유 비타민을 고려한 맛없는 식단은 No! 먹고 싶은 것 먹기

아이를 갖지 않으려는 열 번째 이유는 야채스프 냄비에서 비롯된다. 정말 솔직하게 말해서 앞으로 15년간 양념도 거의 안 쓰고 버터소스를 잔뜩 끼얹은 스테이크나 기름에 튀긴 생선가스 같은 걸 포기하고 오로지 친환경 생식 위주의 음식만을 먹고 싶은 사람이 있을까?

성인이라면 누구도 이런 미식가의 길을 자발적으로 선택하진 않을 것이다. 하지만 2세가 태어난다는 소식을 접하자마자 예비 부모의 메뉴판은 가벼워지기 시작한다. 임산부는 술을 끊고 대신 생우유치즈를 먹는다. 하지만 이것은 시작에 불과하다.

아이들은 싱겁게 먹어야 하고 특히 제시간에 맞춰 식사를 해야 한다. 또 아이들은 이미 먹어본 음식을 늘 같은 시간, 같은 장소에서 그리고 같은 접시에 담아주는 걸 좋아한다. 만일 그 음식이 옛날에 즐겨먹던 사과무스가 든 팬케이크라면 괜찮다. 그것도 1년에 서너 번 정도라면 얼마든지 맛있게 먹을 수 있다. 하지만 달디단 팬케이크나 소시지, 감자죽 그리고 피자라면 사족을 못 쓰는 아이들 때문에 부모는 자신의 미각이나 또는 미식가적 기호를 전혀 따를 수가 없다.

엄마에게는 자식의 영양섭취가 무엇보다도 중요한 일이다. 대부분 육아휴직을 하는 건 엄마이기 때문에 식단을 짜는 것도 엄마일 수밖에 없다. 드물게는 그 일을 수월하게 해결하는 사람들도 있다. 아이들에게 2~3유로 정도하는 케밥이나 대형 마트의 푸드 코트 음식을 먹이는 이들이 그렇다. 하지만 대부분의 엄마들은 아이에게 좋은 신선한 음식을 먹여야 한다는 압박감 때문에 매일 식료품 가게에 들른다. 그것도 비싼 유기농 가게에서 쇼핑한다. 좀 유별난 엄마들은 아예 친환경농법을 쓰는 농가에서 야채박스를 배달시킨다. 야채박스 안에는 다양한 계절 야채들이 가득 들어 있다. 정말 멋진 일이 아닐 수 없다.

하지만 이렇게 비싼 박스를 주문한 사람은 그것을 다 조리해서 먹어야 한다는 압박감을 느끼게 마련이다. 일주일에 세 번씩이나 청경채를 다양한 방법으로 조리해서 식탁에 올리고, 웃으면서 아이와 식사하는 게 좋은지 안 좋은지는 전혀 중요하지 않다. 설사 엄마와 아이가 구근 야채에 질렸다 해도 일단 건강에 좋고, 유기농이며 이미 돈을 주고 샀으니 시들기 전에 먹어치워야 한다는 것에 토를 달 수 있는 사람은 없다.

아이가 없는 사람들은 식단 선택이 자유롭다
반면 아기가 없는 사람들은 식료품 가게에서 식료품을 자신의 취향대로 자유롭게 고를 수 있다. 저녁식사로 간단한 스낵을 먹을 건지 아니면 거하게 먹을 건지 그때의 기분에 따라 결정하면 그만이다. 심지어 한 끼 정도는 (장보기와 계산대 줄서기, 무거운 장바구니를 생각해서) 생략할 때도 있다. 그리고 배가 꼬르륵거리면 과일샐러드나 멕시코 식당의 살사소스와 스낵, 맥주로 허기를 달랠 수 있다.

아기를 기다리는 여성은 꽤 오랫동안 음식의 자유를 누릴 수 없다. 입맛 당기는 대로 먹는 게 아니라 시간과 영양가를 고려해 미리 짜놓은 식단에 맞춰야 한다. 특히 아이의 입에 맞게.

아이가 없는 사람들은 음식을 선택하는 일이 정말 자유롭다. 아이 없는 여성은 주말에 남자친구와 스시 요리책을 보면서 새로운 음식을 만들지만, 대부분의 엄마는 부엌에서 혼자 요리한다. 모처럼 남편과 식탁에 앉아도 모든 관심은 혼자서 숟가락으로 이유식을 떠먹기 시작하는 아이에게 집중된다. 어린아이들이 식탁에서 하는 짓을 보면 그다지 유쾌하진 않다. 하지만 아기일 때는 적어도 투덜거리진 않는다. 문제는 좀더 커서 말을 하기 시작할 때부터이다. 그때부터 음식에 대한 타박과 투정이 시작된다.

밥 먹기 전쟁

엄마와 아빠는 대부분 음식에 관한 한 독특한 화젯거리를 갖고 있다. 많은 부모들이 옛날에는 식사시간이 무서운 전쟁터 같았다고 회상한다. 식탁에선 입을 다물고 얌전히 앉아 있어야 하며 나이프와 포크를 제대로 다룰 줄 알아야 하고 특히 쩝쩝 소리를 내서는 안 되기 때문이다. 젊은 부모의 경우엔 그래도 좀 낫지만 지금까지도 전혀 변하지 않은 것이 하나 있다. 그건 바로 어떤 부모건 아이들이 너무 적게 먹을까 봐 걱정을 한다는 것이다. 하지만 한 가지는 분명하다. 산더미처럼 쌓아놓은 친환경 수수죽과 통밀국수 그리고 콩으로 만든 소시지 덕분에 어느 아이도 굶어 죽진 않으리라는 사실이다.

부모들이 아이들의 식사예절을 엄격하게 가르치던 시절은 지나갔다. "식탁에 올라온 것은 남기지 않고 다 먹는다"는 규칙은 이제 통하지 않는다. 차라리 잘된 일이다. 요즘 아이들은 싫어하는 시금치 요리를 억지로 삼키도록 강요받지 않기 때문이다. 하지만 부모들은 지나치게 다양한 식단에 집착하는 경향이 있다. 어린아이들은 아직 어떤 음식이 자신에게 좋은지 나쁜지 알지 못한다. 그리고 토마토가 어느 철의 과일인지 또는 두부 한 모의 가격이 얼마인지 그리고 균형 잡힌 식사가 얼마나 중요한지 모른다.

그럼에도 불구하고 어떤 가족들은 아이가 기어다닐 때부터 뭘 먹고 싶은지에 대해 수없이 묻는다. 다음번에 빵을 먹을 땐 뭘 발라줘야 할지, 엄마가 내일은 당근을 사야 할지 아니면 브로콜리를 살지 끊임없이 질문한다. "아이들은 이런 질문에 스트레스를 받는다"고 부모학교의 교장 되르테 에이에케는 말한다. "아이는 그렇게 다양한 것에 집중할 수가 없다. 놀기로도 벅차기 때문에 다섯 살 때부터 벌써 엄마가 무슨 음식을 만들지 결정하고 싶어하지는 않는다"는 것이다. 엄마가 집에서 정해진 식사 시간에 자기를 위해 요리를 하고 아이에게도 엄마와 함께 먹을 기회를 준다는 개념을 심어주는 것으로 충분하다.

현대 부모들은 아이를 독립적인 존재로 인정한다고 요한 아우구스트 쉴라인은 말한다. 그래서 요즘은 '교육' 대신 '성장하도록 놔두는' 철학이 강조되고 있다. 아이에게 가장 좋은 성장 조건을 제공하자는 의도에서 모든 것을 자연스럽게 놔둔다. 하지만 부모들은 그 목표가 지나쳐서 식사할 때조차 자신의 욕구를 감지하지 못한다. 부모학교의 교장은 부모가 식탁에서 벌이는 투쟁의 어려움을 말한다.

문제는 많은 부모들이 자식의 식사 태도에 고정되어 있다는 것이다. 그러면 아이들은 식사 시간을 관심받을 수 있는 기회로 이용하기 쉽다. 부모가 식사 시간에 자식 때문에 분주하면 아이들은 그 관심을 기꺼이 받아들인다. 부모는 좀더 자기의 욕구에 귀 기울일 필요가 있다. 자기 삶의 끈을 자신이 쥐고 있는 것이 엄마에겐 중요하다.

상을 차릴 때마다 일일이 아이의 의견을 묻는 엄마들은 금세 수십 가지 반찬의 덫에 빠지고 만다. 왜냐하면 아이는 콩과 당근을 먹고 싶어하지만 아빠는 그걸 싫어하고 또 가족 모두가 고등어 요리를 먹고 싶어하지만 각각 원하는 조리방법도 다르다. 이런 요구들을 모두 충족시키려면 장을 볼 때 계획을 잘 세우고 오븐 시간을 잘 맞춰야 하며 특히 부엌에서 두 배로 더 일할 각오를 해야 한다. 이런 가족들은 각자 자기가 좋아하는 음식을 혼자 먹는다. 이렇게 되면 공동체 의식을 강화시켜주는 공동의 식사와는 거리가 멀게 된다.

아이가 없는 이들은 원하는 걸 먹고 싶을 때 먹을 수 있는 자유를 누린다. 포크와 나이프를 처음 사용하는 사람처럼 식사예절을 배울 필요도 없고 음식 맛을 즐기며 유익한 대화에 집중할 수 있다.

11 - 열한 번째 이유 하염없이 자식들이 찾아오기를 기다리기보단 차라리 노인들이 함께 사는 하숙집을 택한다

대부분의 사람들은 언젠가 삶의 마지막 순간이 닥친다는 생각을 미리 하고 싶어하지 않는다. 그리고 늙는 것을 두려워한다. 자식이 있는 부모들은 가끔 사랑으로 가득 찬 노년 생활을 꿈꾸기도 한다. 가족의 보살핌을 받으며 금전적인 도움도 받고 아이들로부터 인생의 조언자로 존경을 받고 손자들에겐 책을 읽어주는 사람이 되는 모습을 그린다.

하지만 현실은 대부분 이와 다르다. 할머니들은 테라스에서 추리소설을 읽으며 조는 대신 국립 양로원의 다인실 침대나 또는 자기 집에서 홀로 가족들의 방문을 기다리는 경우가 훨씬 더 많다는 통계가 있다. 가족 모두가 한 지붕 아래 사는 것은 TV드라마에나 나오는 이야기다.

반면 현실에서 대가족은 거의 소멸했다고 해도 과언이 아니다. 1999년 독일에는 3세대가 모여 사는 가구의 비율이 1.1%밖에 안 되었다. 하지만 노년의 외로움에 대해 부모들은 심각하게 고려하지 않는다. 자식들이 겨우 몇 주 만에 한 번씩 그것도 잠깐 얼굴을 내비치는 일이 허다하다. 아이가 없는 이들은 처음부터 기대할 가족이 없기 때문에 독립적인 노후를 철저히 대비한다. 섭섭한 얼굴로 자식에게 "나 보러 언제 올래?"라고 물을 일은 없다. 이것이 우리가 아이를 갖지 않는 마지막 이유이다.

혈육이 더 견고한 이유

한 지붕 아래 여러 세대가 모여 사는 것은 이제 노인들의 희망사항일 뿐이다. 타인의 보살핌이 아직 필요하지 않은 이상 노인들은 자기 집에서 홀로 산다. 독신들만 그런 것은 아니며 특히 남자보다 평균 6년을 더 오래 사는 여성들이 그렇다. 그리고 평균 수명은 점점 더 늘어나고 있다. 지금도 벌써 인생의 4분의 1의 기간은 연금이나 퇴직금으로 살아가는 사람들이 많다. 그들은 건강상으로도 그다지 나쁘지 않다. 85세 노인의 약 70%가 다른 사람의 도움 없이 일상생활을 해나갈 수 있을 만큼 정정하다.

하지만 더 이상 아무에게도 쓸모가 없다는 느낌, 특히 혼자라는 느낌은 그들을 힘들게 한다. 배우자가 죽고 이웃과 오랜 친구들도 이미 땅 속에 묻힌 후, 자식들과 손자들마저 모두 멀리 이사 가버리면 그들을 찾아올 사람은 거의 없다. 기껏해야 성탄절이나 생일에야 자식들을 볼 수 있다. 그 이상의 가족 모임은 실질적으로 없는 것이나 마찬가지다.

반면 아이 없는 사람들은 자기 혈육의 방문을 아예 기대할 수 없기 때문에 친구들과 긴밀한 교류를 갖는다.

■ 우테

노년의 외로움은 자식과는 아무런 상관이 없는 것 같아요. 자식이 있다 해도 멀리 외국 같은 데서 살면 겨우 생일이나 성탄절 같은 때만 보러 올 게 아니겠어요? 그 대신 우리에겐 정기적인 친구 모임이 있어요. 세월이 지나면서 조금씩 소홀해지긴 하지만 아주 오래된 좋은 친구들이죠. 조금만 노력하면 늙어서도 가까이 지낼 수 있는 사람들이 있어요. 물론 아주 친밀한 관계가 되진 않을지도 모르지만요. 그리고 제겐 무엇보다 여생을 함께 할 남편이 있잖아요. 그리고 오빠와 올케언니도 가까이 살고 있죠.

노년에 고독한 존재로 남지 않으려면 자식이 있건 없건 간에 너무 늦지 않게 견고한 관계들을 만들어놓아야 한다. 하지만 부모들은 이런 관계를 만드는 데도 어려움이 많다. 많은 사람들이 자식이 노년에 생계를 책임져줄 수 없다는 걸 인정하려 들지 않는다. 그들은 가족에게 의지하려고 하고 아이들이 자신을 돌봐줄 거라고 기대한다. 그리고 자식들과 손자들이 당연히 자기를 찾아줄 거라고 생각하기 때문에 자식이 없는 사람들보다 노년에 대한 준비가 허술하다.

■ 바바라

'늙어서 너희를 보살펴줄 아이를 낳아라'는 말은 이제 현실에 맞지 않는 것 같아요. 요즘 부모를 돌보는 자식이 얼마나 되나요? 많은 부모들이 양로원으로 들어가죠. 그래도 자식들은 잘 찾아오지도 않아요. 물론 직업적으로 불가능한 사람들도 있긴 하겠지만요. 또 부모가 있는 곳에서 멀리 떨어져 사는 사람들이 많아요. 이런 면에서 자식이 부모를 돌봐야 한다는 원칙은 이제 유지되기가 어려운 것 같아요.

전 차라리 제 친구들을 더 믿어요. 전 친구를 사귀는 데 소극적인 편이 아니에요. 낯선 사람들한테도 잘 다가가는데 늙어서도 그런 점은 변하지 않았으면 좋겠어요. 남자친구만으로는 충분하지 않아요. 제 친구들도 남자친구만큼 소중해요. 제 생각엔 모두가 노년을 위해 믿을 수 있는 친구를 갖도록 노력하는 게 필요할 것 같아요.

물론 성인이 된 자식은 자기 삶을 살아간다. 딸에게는 일요일마다 노모 곁에서 커피를 마시거나 잔디를 깎는 것보다 더 중요한 일이 있을 것이다. 아들에게도 토요일 오전마다 부모님 집에서 청소기를 돌리는 것보다 더 멋진 계획이 있을지 모른다. 하지만 아이가 없는 사람들은 처음부터 아예 그런 것을 기대하지 않는다. 그들은 몇몇 사람들과 혈육처럼 친밀한 관계를 유지하면서 가족의 의무적인 도움을 기대하지 않고 그들에게 더 많이 의지한다. 나이가 들고 자식들이 곁을 떠나면 뻥 뚫리게 되는 인간관계에 실망하지도, 함께 다른 곳으로 이사를 가자고 애원하지 않는 자식 때문에 허무해하는 일도 없다. 또 자식이 부모 곁을 떠나게 된 것을 서운해하지 않으리라는 생각에 밤새 괴로워하지도 않는다.

■ 마를레네

자식이 있으면 정말 늙는 것이 별로 두렵지 않을까요? 전 노년의 외로움에 대해 벌써 막연하게 두려움을 갖고 있지만 자식이 없어서는 아니에요. 제가 알고 있는 사람들 중에는 마흔이 넘었어도 부모와의 묵은 갈등 때문에 관계가 원만하지 않은 사람들도 많거든요.

■ 산드라

전 벌써부터 늙으면 외로울까 봐 걱정돼요. 하지만 그렇다고 자식에게 기대하는 건 바람직한 해결책은 아닌 것 같아요. 제 자신도 부모님이 자주 오길 기대하시는 게 은근히 부담스럽거든요. 부모님은 제게 좀더 자주 오라고 눈치를 주곤 하죠. 하지만 전 의무적인 건 싫어요. 전 가족이라는 제도가 권위적이라는 느낌이 들어요. 특히 다른 사람에게 자신의 가치관을 강요하려고 하는 부모님 때문에 힘들었어요. 하지만 친구끼린 다르죠. 그래서 맘이 편해요.

한편으로 인간이 고독해지는 건 어쩔 수 없는 사회 현상인 것 같아요. 갈수록 좁은 집에서 혼자 살아가는 사람들이 많아지잖아요. 그러니까 자식에게 기대할 것이 아니라 다른 방법을 찾아야 할 것 같아요. 가령 마음이 잘 맞는 사람들과 같이 사는 거죠. 일종의 주거공동체 같은 형태 말이에요. 그렇게 자신을 스스로 돌볼 수 없는 사람은 다른 사람이 대신 장을 봐주고 자신은 대신 요리를 하는 식으로 분업을 하면 돼요. 전 늙어서 그런 공동체에서 사는 상상을 자주 해봐요.

■ 울라

전 가끔 이런 생각을 해요. 자식이 없는 노인들의 생활은 어떨까 하고.

1968년의 혁명세대인 우린 노년을 어떻게 계획할 것인가 그리고 이전 세대와 어떻게 다르게 살아갈 것인가에 대해 많은 고민을 했었죠. 얼마 전에는 독거노인들을 위한 새로운 주거형태를 개발한 사람들을 초대해 많은 이야기를 들었어요. 세상이 지금 같아서야 어디 맘 편하게 살 수 있겠어요?

사회학자인 아스트리드 오스터란드도 이제는 2세에게 희망을 거는 것보다 노인들을 위한 주거공동체에 투자하는 것이 차라리 낫다고 말한다. 그는 몇 년 전부터 독일 곳곳에 생겨나고 있는 노인들의 공동주거지를 관리하고 있다. 그녀는 거주자의 70~80%가 여성이라고 말한다.

남녀가 함께 사는 곳도 있다. 부부도 있다. 두 사람 중 한 사람은 먼저 죽을 거라는 그들의 말은 맞다. 그래도 남은 사람은 혼자가 아니고 다른 사람들의 보살핌을 받을 수 있다.

노인공동체에서의 생활은 개인 주택에서의 생활보다 더 비싸지 않을 것이다. 63~91세의 노인 열한 명이 함께 사는 괴팅엔의 한 노인공동체에서는 웹사이트를 통해 월세를 공개했다.

-한 사람당 327~542유로 정도가 필요하다. 각자 30~48평의 개별 욕실과 복도가 달린 독채에서 지내며 335평의 공용공간과 공원 수준의 잘 가꿔진 정원도 있다.

이 정도면 훌륭하지 않은가? TV 앞에서 오후 시간을 보내거나 또는 양로원으로 누군가 찾아와주길 기다리는 것은 이제 예비 노인들의 피할 수 없는 운명이 아니다. 정신과 신체가 모두 건강한 연금생활자들 중에는 완전히 다른 방식의 삶을 선택한 이들이 있다. 같은 나이의 친구들과 공동체 생활을 조직해 서로 돕고 사는 것이다. 자기 집에 틀어박혀 막연히 가족의 방문을 기다리는 것이 아니라 동호회를 조직하고 자신보다 더 나이가 많거나 거동이 불편한 노인들과 아이들에게 책을 읽어주거나 힘들어하는 엄마들을 대신해 아이를 돌봐주는 등 봉사를 한다. 또는 무보수로 서비스를 제공하거나 전화상담일을 하기도 한다. 이렇게 의미 있는 일을 하다 보면 노년의 시간은 멋지게 흘러갈 것이다. 게다가 여생을 편안하게 즐기며 보낼 시간도 충분하다.

■ 킴

저는 노년의 외로움이 그다지 두렵지 않아요. 저와 생각이 비슷한 사람들과 교류하면 되니까요. 긴밀한 교류를 유지하면서 또 지금처럼 남자친구랑 같이 살 수도 있겠죠. 아마 나이가 들어도 제 생활은 크게 달라지지 않을 거예요. 노년에도 저와 비슷하게 생각하는 노인들이 있을 테니까요. 그들과 한 집에서 공동생활을 하는 것도 좋을 것 같아요. 멋진 파티도 열고 술을 마시거나 책에 대해 이야기를 나누면서 가족 안에서는 하기 힘든 멋진 일들을 같이 계획할 수 있을 거예요.

자식은 노년의 외로움을 해결해줄 보장책이 되지 못한다. 따라서 자녀의 보살핌을 기대하지 말고 노후의 삶을 적극적으로 받아들이고 친구들과 함께 계획하는 것도 좋은 방법이다. 아이가 없는 우리처럼 말이다.

IV

모성애에 관한 일곱 가지 거짓말

모 성 애 에   관 한   일 곱   가 지   거 짓 말

1 — 첫 번째 거짓말 여자는 육아와 사회생활을 얼마든지 병행할 수 있다

슈퍼우먼이라는 별명이 붙은 베스트셀러 작가이자 아이 엄마인 헤라 린트는 사회활동과 육아를 수월하게 해내는 것처럼 보인다. 방송국 아나운서이자 쌍둥이 엄마인 가비 바우어도 마찬가지이다. 그들을 보면 일과 육아는 얼마든지 병행할 수 있는 것처럼 보인다. 다른 여자 연예인이나 정치가들도 겉보기엔 별로 힘들지 않게 해내는 것 같다. 톱스타 네나는 네 아이의 엄마지만 〈99개의 풍선〉이란 곡으로 화려하게 컴백하는 데 성공했다.

그렇다면 일과 육아를 병행하기가 힘들다는 건 엄살에 불과한 걸까? 정말 양쪽 모두 아무런 지장이 없을까? 천만에! 엄청난 난관이

기다리고 있다.

유명 스타들에게는 다른 방법이 있다

직장과 가족을 훌륭하게 조화시켜 대중으로부터 주목받는 소위 파워 우먼들은 사실 특권층에 속한다. 반면 평범한 여성들은 그들처럼 아이를 하루 종일 남에게 맡길 여력이 안 된다. 기꺼이 아내 대신 집안일을 하겠다고 나서는 보기 드문 남자를 만나거나 보모를 쓸 정도로 돈이 엄청나게 많지 않은 이상 문제가 생긴다. 실제로 육아와 일을 병행하는 여성들은 놀이방 시간과 직장의 근무시간이 맞지 않아 늘 고민이다.

여성이 직업을 통해 자아실현을 이루면서 동시에 아이도 갖길 원한다는 건 이제 거의 동화 속 이야기가 되어버렸다. 옛날이야기 속에선 멋지게 잘 되는 것처럼 보였지만 현실에선 힘들다. 아이가 있는 여성은 회사와 가사, 모유수유 사이에서 끊임없이 갈등하고 고민한다. 어디 그뿐인가? 일반적으로 가족 간의 화목을 우선적으로 책임지는 것도 여성이라고 크리스티네 칼은 말한다. 그들은 가족구성원들에게 용기를 주고 지원해주며 갈등이 생기면 대화를 유도하고 타협을 주도한다.

하지만 일하는 엄마들은 자기 자신도 힘들고 도움이 필요한 경우가 많기 때문에 부부 간의 긴장과 말다툼으로 이어질 때가 많다. 그리고 남편이 자신을 너무 이해하지 못하고 배려해주지 않는다고 한탄을 한다. 두 사람 모두 상대방이 자신을 이해해주기만을 바라기 때문이다.

결국 하루 종일 일하는 엄마의 삶은 한계에 이른다. 일과 가사, 원만한 가족 분위기를 유지하기 위한 노력, 육아로 인한 부담과 스트레스에도 불구하고 몇 년씩 견뎌내는 여성들을 보면 신기할 정도이다. 하지만 그런 여성은 소수에 불과하다. 6세 이하의 아이를 둔 독일 엄마들의 절반은 아예 경제활동을 하지 않으며 그 외에도 거의 파트타임으로만 일한다. 많은 경우 여성들은 엄마가 되면 직장을 그만둔다. 독일의 내무부가 가족과 노인, 여성과 청소년을 위해 발행한 잡지 〈직장으로의 회귀〉는 매년 엄마가 되는 40만 명의 여성들 중 절반만이 직장으로 돌아간다고 보도한 바가 있다.

직장에서 불리한 엄마들

아기는 엄마에게 최소한 당분간이라도 직장을 그만둬야 할 이유가 된다. 그리고 아기가 있음에도 불구하고 일을 하는 여성은 직장에서 그만큼 불리한 입장이 된다. 늘 잠이 부족한 건 기본이다. 밤에 가끔씩 아기를 봐주는 남편이나 동거인이 있어도 결국 젖으로 아기의 울음을 그치게 할 수 있는 건 그녀뿐이다. 밤에 서너 번씩 깨는 일을 몇 달씩 견디기란 여간 힘든 게 아니다. 하지만 이건 평범한 일상사에 불과하다. 배앓이를 하거나 기침을 하거나 또는 아토피로 울고 보채는 아기들이 얼마나 많은가. 최소한 일주일에 한 번은 배가 아파서 울거나 토하거나 열이 갑자기 40도까지 오르는 아이들이 대부분이다.

이럴 땐 아이를 놀이방에 맡길 수가 없다. 누군가는 집에서 아이를 보살피고 차를 끓이고 매시간 체온을 재며 경과를 지켜보아야 한다. 그리고 그 누군가는 대부분 여성이다. 그녀는 어렵게 상사에게 전화를 걸어 오늘은 출근할 수 없다고 말해야 한다. 결근하는 동안 중요한 미팅이라도 끼어 있지 않으면 그나마 다행이다. 그렇더라도 결근이 좋은 인상을 남기진 않는다. 동료들은 월요일인데도 아이 엄마인 동료가 지쳐서 일에 의욕이 없는 모습이나 자기 아이를 돌보느라 다른 사람들을 희생시키는 데 화가 나 있을 것이다.

아기가 있는 여성에겐 아이로 인해 예상 불가능한 일이 자주 일어나기 때문에 중요한 미팅에서는 아예 배제되곤 한다. 막중한 책임이 따르는 프로젝트 역시 믿을 만한 남자동료에게 맡기기 일쑤다. 그 또한 누군가의 아빠이긴 하지만 그에겐 육아를 전적으로 맡고 있는 아내가 있다. 이런 아빠들이 휴직할 수 없는 이유로 자주 꼽는 건 경제적인 부분이다. 자신이 아내보다 돈을 더 많이 벌며 적게 버는 사람이 집에 남는 건 당연하지 않느냐는 것이다. 실제로 여성 직장인의 평균 연봉은 2002년 함부르크에서 2,735유로였다. 함부르크 시의 통계청에 따르면 이는 남자동료들이 받는 평균 연봉의 75%에 불과한 금액이다.

남녀평등이 거의 이루어졌다고 생각하는 사람은 이 부분에서 충격을 받을 것이다. 같은 일을 하는데도 여성이 남성 연봉의 4분의 3밖에 못 받는 건 봉건사회의 전통 때문이다. 하지만 다른 한편으론 여성이 출산 후 대개 오랫동안 휴직을 하거나 또는 아예 직장으로 복귀하지 않기 때문이기도 하다. "여성이 휴직하기 전엔 성별 간의 연봉 차이가 거의 없다"고 바바라 빈켄은 말한다.

자식에 관한 한 늘 엄마가 먼저 나선다

아기 때문에 직장을 쉬게 되는 점을 차치하고서라도 여자는 남자보다 아이 돌보는 일에 더 적극적이다. 남자들은 보통 가사에서나 육아 문제에 소극적이며 그만큼 직장 일에 더 몰입할 수 있다. 그들은 언제라도 필요하면 퇴근시간이나 주말에도 직장 일에 시간을 할애할 수 있다. 혹 아기가 울어도 엄마가 달려와 아빠에게 방해가 되지 않도록 아기를 멀리 데려가 줄 것이 분명하다.

이처럼 짜증나는 일상으로부터 완벽하게 보호를 받고 장보기나 식사준비, 냉장고 청소를 하지 않아도 되는 남성들은 자신의 지적 계발과 직장에서의 발전을 위해 온전한 시간과 에너지를 투자한다. 그렇게 보호를 받는 아빠가 집에서는 엄마 역할까지 해야 하는 같은 여성 동료보다 직장 일에 훨씬 더 집중할 수 있는 건 당연하지 않은가.

하지만 여성들에겐 집과 직장 사이를 정신없이 바쁘게 오가는 것이 평범한 일상이다. 아침에는 가능한 한 좋은 기분으로 가족들에게 아침을 차려주고, 아이들의 운전기사 노릇을 한 다음, 직장에서는 최소한 9시간 동안 최적의 컨디션을 유지해야 하며, 퇴근 시간이 다가오면 여기저기 흩어놓았던 사랑을 다시 주워 담아 슈퍼마켓으로 달려가며, 재빨리 음식을 만들어 가족과 저녁식사를 끝내고, 수학 시험을 망친 아이를 위로하고, 기분파 직장 상사에 대한 남편의 불평을 들어주고, 청소를 하고 마지막으로 더 놀겠다고 고집부리는 아이들을 잠자리로 보내야 겨우 그녀의 피곤한 하루가 끝난다.

이런 하루를 보낸 그녀에게 집으로 가져간 회사 문서에 눈길 한 번 주지 않았다고 어느 누가 비난할 수 있을까. 그녀는 정말 녹초가 되었고 휴식이 필요하다. 그래도 그녀는 특별한 일이 없는 한 직장과 가족 간의 화목, 집안일과 아이들을 모두 잘 돌보았을 것이 분명하다. 하지만 자기 자신을 위한 시간은 단 1분도 없다.

엘리자베스 벡 게른스하임은 많은 여성들이 출산 문제로 고민할 때 엄마가 되어도 자신의 삶을 영위해나갈 수 있는 것을 중요한 조건으로 꼽는다고 말한다. 소녀와 여성들은 점점 더 조금이라도 개인적인 여유를 갖고 싶어한다. 하지만 이런 소망이 현실과 얼마나 괴리되는지에 대해서는 아는 이가 별로 없다.

특히 두 세계의 조화는 당연히 전제될 수 있는 것이 아니라 부단한 노력으로 성취되어야 한다. 철저한 직업 계획과 거주지 선택, 보육에 대한 계획, 상사와 남편 그리고 어쩌면 시어머니와의 의논도 필요할지 모른다. 삶에서 자신의 계획과 목표에 따라 살고자 하는 여성에게 엄마가 된다는 것은 점점 여러 가지 문제를 고려해야 하는 신중한 선택 사항이 되고 있다.

젊은 남편들은 직장에서 유리한 점이 많다

남성에게 첫아이의 탄생은 직장에서 유리한 입지를 얻는 기회로 작용하기도 한다. 엄마는 직장에서 신뢰할 수 없고 업무과중에 시달린다는 비난을 받기 쉬운 반면 아빠는 전혀 다른 시선에 둘러싸인다. 한층 더 무거워진 가족에 대한 책임감이 더 높은 자리로 도약할 수 있는 기회가 된다. 인사담당자들은 남자가 아빠가 되면 저절로 책임의식이 강해진다고 생각하는 것 같다. 아빠는 어떤 상황에서도 신뢰할 수 있고 신중하며 안정되어 있는 것으로 간주된다. 그래서 새로운 자리나 승진을 위한 이상적인 상황이 되는 것이다.

이렇게 남성들은 가족의 팽창으로 이익을 본다. 직장에서의 새로운 비전으로 삶이 더 풍요로워진다. 물론 가족을 부양해야 하는 경제적인 부담을 안고 있긴 하지만 엄마들처럼 대가를 치른다고는 말할 수 없다. 그들은 아기가 태어나도 사회적 성공을 위험에 빠뜨리려고 하지 않으며 가족 간의 감정적인 문제는 아내에게 떠넘긴다. 가사가 기하급수적으로 불어나도 자발적으로 걸레 한 번 쥐는 경우가 드물다. 인사과장의 눈에 그들은 아이가 생겼기 때문에 더 나은 카드를 쥐고 있는 것으로 보인다. 이렇게 첫아이의 출산은 남성의 승진으로 이어지는 경우가 많다. 남성들이여, 진정 축하하며 경의를 표한다! 정말 교묘하지 않은가. 대부분의 엄마들이 이런 속임수를 꿰뚫어보지 못하고 전통적인 가정에서의 불공평한 역할 분담을 수용하는 것이 안타까울 뿐이다.

자식과 성공이라는 두 마리를 모두 잡을 수 있다는 거짓말은 통한다

평범한 여성도 성공할 수는 있지만 아이를 키우면서 동시에 일에서 성공하긴 힘들다. 일에서의 성공을 원하는 여성은 아이를 키울 시간이 없다. 농림부 장관인 레나테 퀴나스트, 슐레스비히 홀슈타인의 장관 하이데 시모니스, 녹색당의 클라우디아 로트의 공통점은 모두 자식이 없다는 것이다. 왜 그럴까?

그럼에도 불구하고 일과 육아는 병행할 수 있다는 거짓말은 여전히 사실처럼 알려져 있다. 여성이 두 마리 토끼를 모두 잡을 수 있다고 거짓말을 하는 것이 기존의 남성중심사회를 지탱해나갈 수 있는 동력이 될 수 있기 때문이다.

우선 남자의 경우를 보자. 육아휴직은 직장에서 도태되는 지름길이라는 믿음이 보편적이기 때문에 남자들은 누가 육아휴직을 할 거냐는 문제에 훨씬 강경하게 나온다. 그런데 이런 믿음이 확산되는 데는 여자들 탓도 있다. 아무리 바쁘고 힘들어도 여성들은 사람들 앞에 드러내놓고 일하랴 아기 보랴 집안일까지 돌보느라 너무 힘들다고 한탄할 수가 없다. 만일 그랬다간 훨씬 더 바쁘고도 멋진 슈퍼우먼들과 비교를 당할 테니 말이다.

뿐만 아니라 국가도 아이를 키우면서 사회생활까지 성공적으로 해내는 여성상을 이용한다. 보육시설에 예약하기가 얼마나 힘든지, 또 그런 시설의 업무 시간이 얼마나 비현실적이며 집안일은 또 얼마나 많은지, 그리고 아이 때문에 직장에서 성공하기가 얼마나 어려운지를 처음부터 제대로 가르쳐주는 이가 있다면 틀림없이 아기 갖기를 포기하는 여성들이 지금보다 훨씬 더 늘어날 테니 말이다.

2 - 두 번째 거짓말 아기가 생기면 가사를 분담한다

언젠가 아이를 갖길 원하지만 아직 구체적인 계획이 없는 여성들은 대개 아기를 낳기 위한 전제조건을 분명히 의식하고 있다. "자식을 갖자고? 좋아. 하지만 가사와 육아를 내게 전적으로 맡기지 않겠다고 약속해줘. 그리고 낳는다 해도 베이비시터를 쓸 수 있을 만큼 경제적인 여유가 있을 때 낳겠어."

하지만 베이비시터를 쓸 수 없다면 엄마가 친구들과 외출할 수 있도록 최소한 아빠라도 퇴근해서 아이들을 봐줘야 하는 게 당연하지 않은가.

육아는 엄마의 몫

하지만 부부가 가사를 분담한다는 데 서로 동의했음에도 불구하고 아기의 첫 울음소리가 들리자마자 생각이 달라진다. 엄마가 되는 것과 엄마의 일상은 현대 부부들이 상상하는 것과 현실적으로 거리가 멀다. 아빠와 엄마가 육아와 가사를 분담한다는 것은 어디까지나 아이가 태어나기 전의 계획일 뿐이다. 막상 아기가 태어나면 그전까지 시대착오적인 것으로만 여겼던 고전적인 역할분담이 고개를 쳐든다. 하지만 그 토대는 아이를 낳기 훨씬 전부터 마련되어 있었다. 우선 임신하게 되면 대부분의 여성이 휴가를 낸다. 이유는 다양하다. 몸이 힘들어서 (잠시나마) 일을 쉬어야겠다고 하는 사람도 있고 자기보다 남편 월급이 더 많기 때문이라거나 또는 남편이 아예 아기를 낳지 말자고 하기 때문이라는 경우도 있다.

아직 남자가 육아휴직을 갖는 경우가 독일에서는 거의 없다. 브리기타 크레스가 2002년 초 〈오늘의 심리학〉에서 발표한 내용에 따르면 매년 1.5%의 남성만이 육아휴직을 신청한다고 한다. 남성 직장인 20%가 자신이 육아휴직을 낼 수도 있다고 대답하지만 막상 현실로 닥치면 몸을 움츠린다. 결국 '남자다운 남자'라는 판에 박힌 사회적 틀을 깰 용기가 없는 것이다. 동료들의 조롱을 받거나 제때 승진을 못할까 두려운 것도 이유가 된다. 그래서 휴직을 신청하는 건 거의 여자 쪽이며 그와 동시에 부부 사이에 전통적인 역할분담이 자리를 잡는다. 아빠는 회사에 가서 돈을 벌고 엄마는 집에서 아기와 씨름을 하며 음식냄새와 먼지와도 싸운다.

점점 불러오는 배를 안고서도 결코 아이 때문에 집에 눌러 앉지 않겠다고, 남편은 친구들을 만나러 나가게 두고 혼자 젖먹이를 재우느라 쩔쩔 매는 일은 결코 없을 거라고 호언장담하는 여자들이 모두 순진해서 그런 게 아니다. 모든 상황이 자신의 의지와 상관없이 변하기 때문이다. 아빠가 가끔씩 코를 틀어막은 채 기저귀를 갈아주던 것도 얼마 안 간다. 엄마는 아기와 집에 있고 아빠는 밖에서 일하기 때문에 장보기와 밥하기, 창문 닦기, 청소기 돌리기는 자연히 모두 엄마의 몫이 된다.

그렇다고 아이가 없는 여성들의 남편이 모두 집안 청소를 해준다는 건 아니다. 그런 여성들 또한 특별한 대가도 없고 생산적이지도 않은 집안일의 책임자로 홀로 싸워가며 고통받고 있다. 보쿰 대학의 사회심리학자인 엘케 로만과 같은 대학의 심리학 교수 한스 베르너 비어호프가 남녀 간의 가사분담에 관해 조사한 결과에 따르면 특히 구서독에서는 여성 혼자 밥하고 청소하는 경우가 대부분이라고 한다. 구동독에서도 정도는 좀 약했지만 결국 비슷했다. 여성의 3분의 1이 주당 21~40시간을 가사일로 보낸 반면, 남성 12%만이 그 정도의 가사를 맡고 있었다.

가사일은 대가 없는 노동

특히 남녀모두가 직장생활을 할 경우에도 여성이 집안일을 훨씬 더 많이 한다는 사실은 절망적이다. 대가도 없는 추가 노동은 여성을 육체뿐만 아니라 정신적으로도 힘들게 한다. 로만과 비어호프는 가사가 사회적으로 인정받지 못하기 때문에 불공평한 가사분담은 가정에 대한 불만족과 우울증, 정신적 피폐로 이어질 수 있다고 지적한다.

그런데 그들은 여성이 스스로 가사 의무에 대한 불공평한 분배를 합리화한다는 사실을 발견했다. 우선 가사에 소요되는 시간을 훨씬 적게 계산하고 있거나 게으른 남편을 너그럽게 눈감아주는 경우도 있었고, 두 번째는 자신의 상황을 전혀 불공평하게 느끼지 않는 경우였다. 그들은 여성에게 가사를 떠넘기는 사회적 규범을 잘못되었다고 생각하지 않는다고 했다. 이런 여성들의 전형적인 자기합리화 전략이란 자신을 남편보다 가사에 더 능숙한 사람으로 내세우는 것이다. 남편은 번번이 정리정돈 하나 제대로 못하고, 장을 볼 때마다 중요한 걸 잊어버리기 때문에 아예 그 일을 맡기지 않는 게 편하다는 것이다.

세 번째는 자신이 가사에 들인 시간을 남편으로부터 보상받는 것이 아니라 다른 여자들의 가사 시간과 비교하는 경우다. 물론 비교 대상인 이웃여자는 대개 혼자 모든 집안일을 도맡아 하고 하루 종일 남편과 세 아이를 위해 식사준비를 하지만 자기는 남편보다 가사를 조금 더 하는 것뿐이라고 생각하고 자위한다.

마지막으로 네 번째는 스스로에게 집안일을 의미 있는 일이라고 설득하는 경우이다. 집안일을 열심히 하는 건 가족에 대한 사랑과 배려의 표현이라고 생각하면 청소를 하거나 쓰레기봉투를 치우고 설거지를 해도 덜 불만스럽다. 게다가 정말 살림을 잘한다고 치켜세우는 남편들의 칭찬이 그런 여성들의 자부심을 한층 더 높여준다. 배우자로부터 인정받는다고 느끼는 사람은 가사를 더 많이 해도 전혀 불공평하게 느끼지 않는다.

어쩌면 이런 여성들에겐 보부아르가 40년 전에 이야기했던 여성이 혼자 다림질과 요리를 해도 아무 불평을 하지 않는 이유가 들어맞을지도 모르겠다. "직장을 다니는 여성은 배우자가 전적으로 집안일만

하는 여자를 더 선호하게 될까봐 두려워서 추가의 가사노동도 불평 없이 받아들인다." 많은 남성들이 여전히 집안일에 관해서는 전통적인 모델과 좋은 주부에 대한 속 보이는 칭찬에 의존하고 있다. 그리고 그런 그들의 태도는 아내의 암묵적 동의에 의해 지지받는다. '여자의 일'에 대한 사회적 규범을 깨지 않고 부부 간의 화목을 위해서 말이다.

너무나 힘든 육아

이것은 육아 문제에도 그대로 적용된다. 남자의 일과 여자의 일에 대한 전형적인 인식의 파괴는 현대사회가 힘겹게 쟁취해낸 것이다. 하지만 아이가 생기면 또렷했던 인식은 다시 희미해지게 마련이다. 아이 하나만으로도 장보는 횟수와 청소가 엄청나게 증가한다. 게다가 아이는 많은 관심과 보살핌이 필요하기 때문에 엄마의 육아휴직과 함께 부모의 전통적인 역할분담이 시작된다.

그래서 엄마들은 아이 없는 여성보다 두 배로 힘이 든다. 집안일이 훨씬 더 많아지기 때문이다. 어린아이가 있으면 "가사에 쏟는 시간이 폭발적으로 증가한다"고 〈가족연구〉의 르네 레비와 미셸 에른스트는 말한다. 물론 시간이 지나면 다시 줄어들긴 하지만 엄마는 결코 출산 전만큼 가사에서 자유롭지 못하다. 밥풀이 잔뜩 묻은 턱받이와 오줌

싼 바지, 초콜릿으로 뒤범벅된 티셔츠를 빨래바구니에 모아 세탁기에 넣어 돌리고 건조대에 널고 다시 걷어서 가지런히 갠 후 옷장 속에 넣는 것도 모두 그녀가 할 일이다. 어디 그뿐이랴. 아기가 바닥에 흘린 것을 주워 먹을지도 모르기 때문에 바닥을 늘 반짝반짝 윤이 나도록 닦아놔야 한다.

직장 남성들이 아내에게 흔히 던지는 "도대체 하루 종일 집에서 뭘 하는 거야?"라는 질문에 주부와 엄마는 말문이 막힌다. 이 질문에는 남성들의 현실에 대한 무시와 외면이 고스란히 묻어난다. 실생활에 관해서는 무능한 그들은 눈에 보이지 않는 곳에서 일어나는 일들은 전혀 하지 않아도 되고 오로지 (풀 서비스가 제공되는 엄마 호텔에서) 보살핌만 받다가 시간이 지나면 자연스레 집에서는 잠만 자는 하숙생(부부)으로 바뀌기만 하면 되는 것인가?

그런 남자를 만나 결혼한 여자는 정말 운이 없다. 레비와 에른스트의 연구에 따르면 가사분담은 거의 남자 생각에 따라 이루어진다. 1,500명 이상의 스위스 부부를 대상으로 조사한 결과 남자는 가족 간의 가사분담에 대한 규칙을 정하며 여성의 주장은 거의 무시된다고 한다. 정말 기운 빠지는 결과가 아닐 수 없다.

남성들은 가사를 웬만해선 공평하게 나누려고 하지 않으며 특히 아이 때문에 생기는 가사에는 더더욱 뒷짐만 지고 구경한다. 자식을 돌보는 일은 금전적인 대가가 따르거나 사회적으로 높이 인정받는 일이 아니기 때문이다. 남성들은 가사를 피하는 요령을 체득하고 있을 뿐만 아니라 아이와 놀아주거나 밥을 먹여야 할 타임에서도 빠져나갈 방법을 훤히 알고 있다. 크리스티네 칼은 부부 간의 가사에 대한 분담 실태를 조사한 결과 직장에 다니는 아빠는 하루 평균 1시간 12분을 아이와 보내는 반면 직장생활을 하는 엄마는 3시간을 보낸다는 걸 밝혀냈다. 그리고 아이를 칭찬하거나 제재를 가하거나 아이를 교육시키는 일에도 여성이 앞섰다. "전체적으로 아이의 교육문제 64%가 여성에 의해 이루어진다"고 한다.

젊은 부모도 전통적인 역할분배를 답습한다

사회학자 요단 쉴라인은 왜 아이를 돌보는 일이 지금까지도 여성에게만 미뤄지고 있는가에 대한 또 다른 이유를 제시한다. 부부에게 아이가 없을 때는 현대적인 라이프스타일을 허용하기가 쉬울지 모른다. 물론 충분한 돈과 시간이 있을 경우에 말이다. 하지만 2세가 태어나면 문제는 달라진다. "아이는 부부 간의 자유시간과 공간을 어마어마하게 축소시킨다"고 말한다. 그에 따라 부부관계를 상황에 맞게 변화시켜야 하는 압박이 점점 더 커진다. 전에는 현대적이었던, 다시 말해 평등하고 상호적인 방식을 지켜왔던 부부라도 알게 모르게 전통적인 스타일로 돌아간다.

다시 말해 현대적이고 평등한 관계에서 전통적인 역할분배로 퇴보하는 것이다. 이런 시대역행적인 현상은 주로 여성이 출산 후 직장을 그만두는 것에서부터 출발한다. 이런 현상은 출산 후 산모가 직업 활동을 포기하면서 어쩔 수 없이 다시 전통적인 부부의 형태로 돌아가는 곳이면 예외 없이 발견된다. 심지어 현대적인 라이프스타일을 따르는 부부까지도 산모가 육아휴직에 들어가면 지금까지의 궤도에서 이탈한다. 쉴라인의 표현에 따르자면 밥벌이를 하는 사람과 전업주부의 이분법적 구도가 재탄생되는 것이다. 더욱 심각한 것은 집에만 있는 엄마들이 시간이 갈수록 결정권을 미루고 의존적이며 남편의 눈치를 보게 된다는 사실이다. 다르게 표현하자면 여성이 엄마가 되면 사회적으로 인정받지 못하는 가사를 하면서 돈도 못 벌고 자의식마저 잃게 된다.

다른 한편으로 하루 종일 아이만 돌보는 엄마는 새로운 능력을 갖게 된다. 즉 짧은 시간이지만 아빠보다 아이를 다루는 법에 대해 더 많은 것을 알게 되는 것이다. 대부분의 시간을 아이와 지내다 보니 이는 어쩌면 당연한 결과일지도 모른다. 하지만 이것이 반드시 좋은 것만은 아니다. 아빠가 어쩌다가 주말에 아이를 목욕시키거나 재우려고 하면 아이는 아빠의 서툰 손길을 금세 느끼고 저항하기 때문이다. 그러면 보다 못한 엄마가 참견을 하게 되고 결국 더 잘하는 사람이 전담하는 분위기가 조성된다. 이것이 현대 부부가 전통의 늪으로 빠져들게 되는 전형적인 과정이라고 쉴라인은 설명하고 있다.

그러니 따지고 보면 가사와 아이에 관한 일의 불공평한 분배가 꼭 아빠들만의 잘못은 아닌 셈이다. 물론 일부러 꾀를 부리는 아빠들도 있다. 다음부터 그 일을 자기에게 시키지 않도록 일부러 더 못하는 척하는 것이다. 하지만 대개는 엄마들이 이 불공평한 상황을 나서서 주도한다. 먼저 직장을 그만둠으로써(최소한 임시라도) 그리고 혼자 '주부의 일'을 도맡아 함으로써 스스로를 집안일과 아이 돌보기의 전문가로 만든다. 하지만 다시 직장으로 복귀할 때는 최소한 여자 일, 남자 일에 대한 편견을 버리고 가사를 공평하게 나눠야 한다. 하지만 도대체 어떻게 이 역할분배의 틀에서 빠져나올 것인가?

현대적인 사고방식의 사람들까지도 단지 마음이 편하고 사회적인 통념과 어울린다는 이유 때문에 전통적인 역할분배에 수긍하곤 한다. 정말 안타까운 일이다. 그래서 풀장과 부엌 너머에 있는 더 큰 인생의 계획을 갖고 있는 여성들에게 부모가 된다는 건 실로 위험한 실험이 아닐 수 없다.

3 — 세 번째 거짓말 **부모님 세대와는 다르게 살 거라는 환상**

내가 어렸을 땐 어찌나 하지 말라는 게 많았는지 몰라.

세상에 그런 법을 누가 만들었을까?

내 자식은 저 하고 싶은 대로 하고 살도록 놔둘 거야.

이런 식으로 얘기하는 젊은 엄마들을 주위에서 많이 봤을 것이다. 그들은 자신이 어렸을 때의 교육방식에 대해 불만을 토로하며 자기 아이는 전혀 다르게 키울 거라고 장담한다. '전혀 다르게'란 말 속엔 더 잘 키우겠다는 뜻이 숨어 있다. 그런데 그게 말처럼 쉽다면 얼마나 좋을까.

어떤 교육 방식이든 배경 없이 탄생한 것은 아니다. 부모들은 아이들이 본받았으면 하는 행동을 의도적으로 해보이기도 하지만 때론 자신이 배운 대로 행동하기도 한다. 왜냐하면 사람은 자기가 태어나고 자란 가족 안에서 배운 특정한 행동 표본을 반복하는 경향이 있기 때문이다. 전문 용어로 이런 것을 '세대 간의 전수'라고 한다. 유전자에 들어 있지도 않은 행동방식이 다음 세대에 그대로 전수되어 벌어지는 극단적이고 비극적인 일들이 종종 있다. 가령 아이를 학대하는 경향은 자신의 유아기 경험에 기인하는 경우가 많다. 또한 알코올 중독이나 이혼 등도 유사하다고 가족연구가 프테나키스, 칼리키, 페이츠는 말한다.

가족 분위기가 미치는 영향

그렇다고 해서 어릴 때 학대를 받은 아이들이 모두 자기 아이를 학대한다고 일반화해서는 안 된다. 마찬가지로 엄마가 알코올 중독자였다고 해서 그 딸도 반드시 그렇게 되는 건 아니며 이혼한 부모의 자녀라고 반드시 자신도 결혼생활에 실패한다고 할 수 없다. 하지만 어렸을 때 부모의 이혼이나 가정 폭력, 중독 등의 문제를 접해본 사람은 그 경험을 성인이 되어서 반복할 가능성이 높은 게 사실이다. "불리한 발달 조건을 가진 사람이라고 해서 반드시 어른이 되었을 때 그것을 반복하는 것은 아니지만 그럴 가능성은 아주 높다"고 가족전문가들은 말한다. 옛 가족 내에서의 분위기와 새로 이룬 가정의 분위기 사이에는 유사한 점이 있다.

다시 말해 어렸을 때 겪었던 경험은 이후 관계에 영향을 미친다. 유아기, 청소년기의 경험은 서로 다른 방향으로 이후의 삶에 영향을 준다. 첫번째는 성격이나 능력 형성에 영향을 준다. 위에서 언급한 가족전문가들은 갈등이 많고 서로 속마음을 털어놓지 못하며 냉랭한 부모, 아이에 대해서도 너무 엄격하거나 무관심한 부모 밑에서 자란 아이들은 어른이 되었을 때 자주 신경과민이나 심리적으로 불안한 증상을 보인다고 말한다. 이러한 인성은 해당자가 자기 아이에 대해서도 자주 예민하게 반응하거나 쉽게 자제력을 잃는 것으로 나타난다.

두 번째는 모방으로 나타난다. 아이는 부모를 보면서 다른 사람을 대하는 태도를 배우게 된다. 그렇게 아이는 남자와 여자가 서로 어떻게 행동하는지, 관계는 지속적인지 그리고 갈등을 어떻게 극복하는지에 대한 생각을 발전시킨다. 이와 관련해 전문가들은 이혼 가정의 소녀들에게서 특별한 점을 발견했다. 그들은 희망하는 직업이나 동거에 관한 질문에서는 별 차이를 보이지 않았지만 결혼에 대해서는 부정적인 태도를, 그리고 이혼 가능성에 대해서는 유연한 태도를 보였다.

하지만 불행한 유아기를 보냈다고 해서 반드시 나쁜 부모가 된다는 것은 아니다. 일반적인 상황에서 사람은 대개 이성적으로 행동을 조절하고 자제할 수 있다. 하지만 스트레스 상황에서는 다르다. "힘든 상황에서는 유아기에 경험한 부모와의 관계와 행동표본이 강하게 나타난다"고 가족 전문가들은 입을 모아 말한다. 이것은 스트레스 상황에 동반되는 감정적 흥분 때문이다. 인간의 정보처리 능력은 감정이 격해진 상태에서는 줄어들고 예전에 배웠던 생각이나 행동으로 퇴행할 가능성이 크기 때문이다. 이에 비추어 볼 때 첫아이의 탄생이 부부 모두에게 힘든 사건이기 때문에 부부가 자신도 모르게 유아기 때의 안 좋은 경험과 이전의 관계 모델로 되돌아갈 위험이 크다.

어느 누구도 백지 상태로 부부가 되진 않는다. 마찬가지로 부모가 되면서 부담을 느끼지 않는 사람은 드물다. 게다가 아이가 태어나면 부모의 옛 경험들로 꽉 채워진 트렁크가 요람 옆에 서서 열림 단추를 눌러주기만을 기다린다. 그렇게 기다리고 있던 옛 기억들은 힘든 상황이 닥치자마자 한꺼번에 와르르 새 가정 속으로 몰려 들어온다. 이렇게 이제 막 부모가 된 이들은 자기가 겪었던 나쁜 경험들을 되풀이하게 된다. 자기 아이나 배우자를 대하는 태도 모두 어렸을 때 경험한 대로 답습하게 되는 것이다. 아무리 본인의 의지에 따라 행동하려고 해도 쉽지 않다.

요즘 부모들의 교육법

젊은 부모들은 어떻게 하는 것이 제일 좋은 교육인지에 대해 전문가들의 조언을 구한다. 특히 자기 부모의 충고를 믿지 못하는 경우에 더욱 전문가에게 의존한다. 예전에는 교육이라는 것이 훨씬 더 간단했다. 아이들이 해서 좋은 일과 해선 안 되는 일에 대한 보편적인 원칙이 있었기 때문이다. 가령 식탁에서는 얌전히 앉아 있어야 하고 음식은 끝까지 다 먹고 부모에게 말대꾸를 하면 안 되고 밤이 되면 군말 없이 잠자리에 들어야 한다 등과 같은 것이다.

하지만 요즘은 이렇게 간단하지 않다. 모든 부모가 자녀를 똑같이 키우지 않는다. 사회학자 요단 쉴라인은 요즘 부모들의 교육 방식을 전통적인 방식과 현대적 방식 그리고 진보적인 방식, 세 가지로 구분했다. 전통적인 교육이란 전 부모 세대의 교육 방식을 그대로 따르는 것을 말한다. 그때는 모든 것이 부모 중심이었고 아이들은 부모의 일과를 크게 깨뜨리지 않았다. 엄마 아빠의 역할이 정확하게 나뉘어 있었고 아이와 부모 사이엔 거리감이 있었으며 부모의 말이 곧 법이던 시대였다.

반면 현대적인 교육 방식에서는 어린이에 대한 이상이 다르다. 현대에는 젖먹이 아이에게는 교육이 아니라 사랑이 필요하다는 인식이 지배적이다. 아이도 엄연한 인격체로 존중받아야 하고 명령으로 통제 가능한 동물이 아니라 조건 없이 사랑해주고 안아주고 늘 곁에 두어야 하는 보물로 간주된다. 나아가 현대적 부모들은 자녀를 이상화하는 경향이 있다. 그들은 자신이 이루지 못한 소망을 자식을 통해 실현하고 싶어한다. 자기가 어렸을 때 느껴보지 못한 부모의 애정이나 관심, 욕구충족 등을 자녀에게 모두 안겨주고자 한다.

진보적 교육 방식은 전통적인 방식과 정반대의 개념이다. 즉 부모와 아이 간의 권위가 정확히 뒤바뀌어 있다. "아이의 현실, 생생한 욕구와 표현이 언제나 최우선이며 사건의 중심에 서 있다"고 쉴라인은 말한다. 하지만 이런 생각으로 아이를 키운 결과는 상당히 부정적이다. 어른들이 오로지 아이의 흥미와 기분에 맞춰주다 보니 자기 일은 거의 할 수가 없고 또 시작하더라도 금세 중단되기 때문이다. 그래서 결국엔 어른의 정체성도 흔들린다.

평소에 이성적이고 즉각적이며 계획된 사회에서 생활하던 어른일수록 아이의 시간 개념에 적응하기란 두 배로 더 힘들다. 아이가 있어도 자신의 시간 리듬을 지키는 사람은 제약을 덜 받는 것으로 느끼며 계속적인 단절에도 그다지 강하게 반응하지 않는다. 전통적인 교육 방식의 부모가 아이에게 자신의 생각을 강요하는 반면 진보적인 부모는 아이의 생각에 질질 끌려다닌다. 두 가지 방식 모두 근본적으로 타협을 싫어한다. 왜냐하면 둘 다 '내가 원하는 것과 네가 원하는 것' 사이의 균형을 추구하지 않기 때문이다.

할머니와 할아버지의 참견

부모와 아이 모두에게 좋은 교육 방식, 즉 아이의 욕구와 자기 목표 사이에 균형을 잃지 않는 교육을 하기란 매우 어렵다. 게다가 다른 사람들이 참견까지 하면 자기 방식을 고수하기가 더욱 어려워진다. 특히 친지들의 참견 없이 온전히 자신의 교육방식을 관철하기가 매우 어렵다.

젊은 엄마들은 젖먹이 아기를 친정식구에게 맡기는 걸 선호하기 때문에 교육에서 외할머니의 역할을 무시할 수가 없다. 여성들은 친정가족 중에서도 엄마에게 가장 많이 의지하게 마련이다. 둘 중 한 명은 외할머니를 베이비시터로 선택한다. 부부의 3분의 2가량이 가족 중에서 보모를 찾지만 남자의 부모, 즉 시어머니를 보모로 선택하는 경우는 드물다. 프테나키스와 동료들은 시어머니에게는 친정부모와 달리 언젠가 보상을 해야 할 것 같은 느낌이 들어서가 아닐까 추측한다.

특히 가족이 육아에 가장 많이 관여하게 되는 건 영아기 때다. 아이를 맡기는 경우 생후 4개월까지 그리고 18개월 이후에도 가족 중 누군가가 아이를 돌봐주는 비율이 여전히 50%를 넘었다. 그리고 만 3세 이상의 아이도 가족에게 맡겨지는 비율이 40%나 된다.

이러한 사실은 친정부모와 관계가 원만한 엄마에겐 반가운 뉴스이다. 하지만 만약 친정부모의 교육 방식에 불만을 갖고 있다면 어떻게 할 것인가? 30세에 아이를 낳을 경우, 산모 부모의 나이는 대략 50~60세 사이가 될 것이다. 즉 1940~50년대에 태어난 그들은 지금처럼 자유로운 교육 방식에 대해서는 듣지도 보지도 못했을 것이다. 더군다나 그 시대는 나치 정권의 부조리한 이념이 지배하던 때가 아닌가? 체벌과 질서, 순응이 미덕이었던 시절의 그들은 "착한 아이는 울지 않는다"라든가 "여자아이는 자동차 대신 인형놀이를 해야 하고 가사를 도와야 한다"는 말을 귀에 못이 박이도록 듣고 자랐을 것이다.

그런 할머니 할아버지가 아이에게 당신들의 생각을 강요하는 것이 엄마 맘에 들 리가 없다. 결국 엄마는 아이가 전통적인 여자, 남자의 구분이나 성에 따른 제약에 세뇌당하지 않도록 할머니 할아버지와 언쟁을 벌일 수밖에 없다. 엘리자베스 벡 게른스하임은 "가족은 처음으로 가치관이 각인되는 곳이다"라고 말한다. 여성들이 자신에 대해 그리고 자기 가족에 대한 태도를 어떻게 생각하는지, 순응적인지 아니면 자율적인지는 어릴 때 가정에서 어떤 경험을 했는지에 따라 제일 많이 좌우된다.

결론은 이렇다. 부모는 자기의 부모보다 아이를 더 잘 키우고 싶다. 그리고 육아에 많은 시간과 관심을 쏟고 또 자기 아이들에게 전해주고 싶은 가치관에 관해 때론 사랑하는 사람과 언쟁을 벌일 수도 있다. 가령 우리 아이들에게 고기를 먹일 것인가, TV를 보게 하고 장난감 권총을 갖고 놀게 할 것인가? 또는 아이들이 거짓말을 하거나 도둑질을 하거나 다른 아이를 때릴 때 어떻게 할 것인가에 대해 부부의 의견이 다르다면 말이다. 어쨌거나 중요한 건 가족 간에 갈등이 생겼을 때 대화하고 경우에 따라 타협할 줄 알아야 한다는 것이다.

하지만 자기 부모처럼 하지 않겠다는 생각은 실행에 옮기기가 어려울 것이다. 아무리 많은 교육지침서를 읽고 고민을 하고 남편과 열띤 논쟁을 통해 교육 방식과 가족 분위기에 합의하더라도 현실에서는 별 소용이 없다. 할머니 할아버지의 가치관을 부정하려 아이들을 따라다니고 또 아무리 현대적 교육법을 따르려고 노력해도 자기도 모르게 불쑥불쑥 옛 방식들이 나타날 것이기 때문이다. 또 다른 이유가 있다. 부모가 어렸을 때 집에서 경험한 것들이 앞서 말한 것처럼 싫건 좋건 어딘가에 숨어 있다가 이따금씩 나타나 고루한 옛 생각들을 풀어놓고 진보적인 분위기를 흐려놓기 일쑤다.

4 — 네 번째 거짓말 아이는 부부 사이를 견고하게 만든다는 착각

배우자에게 만족하는 사람은 그 관계가 오래 지속되길 바란다. 늘 시들지 않고 한결같은 사랑, 성실한 남편, 즐겁고 성공적인 부부생활 등을 원한다. 친밀한 관계는 평생 지속되기도 한다. 그래서 많은 사람들이 성공적인 부부의 삶을 위한 최고의 비법을 찾아다니는데 그중에서 아이가 그 해결점이라고 믿는 사람들이 있다. 두 사람 사이에서 태어난 아이가 부부의 이별을 막아줄 거라고 생각한다. 옛 속담에 '아이는 부부의 접착제'라는 말도 있지 않은가. 이것은 수많은 부모들이 갖고 있는 희망의 표현이기도 하다.

가족심리치료사인 로즈마리 벨터 엔더린은 수년간의 경험을 토대로 부부치료에 관한 책을 여러 권 발표했다. 다음은 벨터 엔더린과의 인터뷰 내용 일부이다.

라인하르트　부부치료에서 아이 문제가 어느 정도의 역할을 하는지요? 그 문제로 선생님을 찾아오는 부부도 있나요?

벨터 엔더린　아뇨, 없습니다. 가끔 생물학적 시계가 다 끝나버린 부부들이 찾아오는 경우는 있습니다. 그런데 그런 경우 여자는 아이를 갖길 간절히 원하고 남자는 어떤 이유 때문에 아빠가 되기를 꺼리지요. 하지만 아이 문제는 부부치료의 주원인은 아닙니다. 아이로 시작되었거나 아이 자체 때문에 치료를 받으러 오는 경우는 많지만 아이를 갖고 싶어서 오진 않습니다. 그런 사람들은 임신상담소로 가겠죠. 혹은 불임문제라면 곧바로 정신치료도 함께 받을 수 있는 대학병원으로 가거나요.

라인하르트 대개 여성들은 아이를 갖고 싶어하고 남자들은 꺼린다는 게 사실입니까?

벨터 엔더린 예, 적어도 저를 찾아온 환자들은 그렇습니다. 여성들이 그 문제에 대해 더 많이 언급하죠. 가끔은 아이가 있으면 좋겠다고 말하는 남자들도 있습니다. 하지만 여성들처럼 시간과 많은 비용도 기꺼이 부담하겠다는 정도는 아닙니다. 가령 불임검사 같은 것 말입니다. 또 여성들은 임신 가능한 생물학적 나이의 한계가 남자보다 빠르기 때문에 그 문제에 더 민감한 것입니다.

라인하르트 선생님께서 최근에 발표하신 『부부, 정열 그리고 권태』를 보면 부모 관계와 부부관계가 서로 경쟁한다고 합니다. 그 부분을 인용하자면 "성적 안정성을 아이와의 감성적 안정성이 지배한다"라고 하셨는데요. 정확히 어떤 뜻으로 이해해야 합니까?

벨터 엔더린 흔히 부부관계는 아이의 탄생과 함께 완전히 변합니다. 특히 그전까지 아주 평등한 관계를 유지하던 부부는 많은 것들이 중단되는 것을 경험하게 되죠. 부부 사이의 로맨틱하던 분위기도 그렇고 특히 아이의 출산으로 성생활에 지장을 받습니다. 다시 말해 여성은 생물학적으로 아이에게 많이 집중되어 있죠. 특히 수유 기간에는 더욱 그렇습니다. 그러면 이 시기에 남편은 소외당하는 느낌을 받습니다. 그리고 애정과 관심을 요구하면 아이를 돌보는 것만으로도 이미 충분히 힘든 여자는 너무 버거워하죠. 두 사람 모두 이런 이유에서 서로에게 불만을 갖지만 그래도 그 당시엔 갈등이 표면화되진 않죠. 하지만 나중엔 결국 문제가 됩니다.

라인하르트 그게 언제쯤인가요?

벨터 엔더린 그건 상황에 따라 다를 수 있습니다. 가령 쉰 살이 넘은 부부에게도 일어날 수 있죠. 아내가 "그때 당신은 애를 나한테만 떠넘겼어. 내가 거기서 빠져나오도록 조금도 도와주지 않았어"라고 불평을 합니다. 그리고 남편은 "당신은 날 거부했어. 더군다나 그때 난 무척 불안한 상태였는데 말이야"라고 대답하죠. 복수의 여신이 언제 찾아올지는 사람마다 다릅니다.

라인하르트 조금 전에 예로 드신 경우 아내는 무엇으로부터 구출되길 원한 걸까요, 외로움인가요?

벨터 엔더린 아이와 너무 밀착된 관계로부터죠. 엄마는 그 상태에서 자
신의 자아를 스스로 되찾을 엄두를 내지 못합니다. 그럴 때
남편이라도 아이를 가끔 다른 사람에게 맡기라고 용기를
주길 원합니다.

라인하르트 부부에게 아이가 생기면 대화의 주제가 부부 간의 문제보
다는 가사에 관한 것이 더 많아지죠. 그 경우 어떤 위험이
도사리고 있을까요?

벨터 엔더린 부부로서 서로를 잃게 될 위험이 가장 큽니다. 왜냐하면 배
우자에 대한 감정적 결합보다 아이에 대한 결합이 훨씬 더
강하기 때문이죠. 그건 부부관계의 발전에 부정적인 영향
을 미칩니다. 시간이 흐르면서 그것 때문에 파경에 이를 수
도 있습니다. 아내는 아이에 빠지고 남편은 일에 빠지거나
또는 다른 여자에게 빠지면 문제는 정말 심각해지는 거죠.

라인하르트 아이에게로 감정이 이행되는 경우가 자주 있나요?

벨터 엔더린 네, 그건 아주 자연스러운 겁니다. 위기를 극복하고 부부로
남는가, 아니면 깨어지는가는 특히 남자의 태도에 달려 있
습니다. 성공적인 경우 남자는 특히 자기 아내를 얻기 위해
노력합니다. 아내에게 아이만 사랑한다고 비난하는 대신
연인으로서의 아내를 되찾으려고 애쓰는 거죠. 그래서 부
부는 다시 둘만의 섬을 갖게 되고 거기서 아이는 단지 부수

적인 존재에 불과합니다.

라인하르트   부모가 된다는 것은 마치 풍전등화의 사건인 것 같군요. 혹시 아기가 생기면서 사이가 더 좋아지는 부부도 있나요?

벨터 엔더린   모든 부부가 이중의 경험을 한다고 말씀드리고 싶군요. 한편으론 부모가 된 것에 대해 모두 기뻐하죠. 가족이 있다는 것, 각자 홀로 살아가는 외로운 시대의 사람이 아니라는 것에 대해서요. 그리고 다른 사람에게 관계가 견고하다는 것을 알리는 기회도 됩니다. 이건 긍정적인 부분이죠. 부정적인 부분은 부모 둘 다 아이를 키우는 것이 얼마나 힘든지 예상하지 못한 데 있습니다.

라인하르트   그걸 어떻게 모를 수가 있죠? 모두가 아는 사실인데.

벨터 엔더린   사실 아이를 갖고 싶어하는 것 자체가 이성적인 소망은 아니지요. 그건 이성보단 감정적인 결단입니다. 저는 부부들이 규범에 상응한다는 기쁨에 들떠 앞으로 얼마나 힘들어질지 진지하게 생각해보지 않는 것을 충분히 이해할 수 있습니다.

라인하르트   현재 독일의 이혼율이 33%에 달합니다. '아이는 부부의 접착제'라는 말이 맞습니까? 아이가 정말 흔들리는 부부를 붙들어줄 수 있을까요?

벨터 엔더린   제 생각엔 부부가 어떤 사회적 환경에 살고 있는가에 따라

다를 것 같습니다. 보수적인 사회라면 아이가 관계를 견고하게 해줄 수 있을 거라고 생각합니다. 종교적 이유나 또는 시골 마을처럼 좁은 곳이라 규범이 잘 유지되어야 하는 상황이라면요. 그런 곳에선 아이의 탄생이 부부에게 내린 축복이니까 아이가 접착제가 될 수도 있을 것 같습니다. 하지만 그런 부부의 관계라고 해서 위기가 없을 것 같진 않습니다.

라인하르트   그렇다면 결국 환상에 지나지 않는 거군요?

벨터 엔더린   네, 저는 그렇다고 생각합니다.

5 ─ 다섯 번째 거짓말 아이가 조금만 자라면 나아질 거라는 희망

엄마가 되면 끈질기게 따라다니는 또 하나의 거짓말이 있다. 즉 아기가 조금만 더 크면 다시 자유로워질 수 있다는 말이다. 이 가까운 미래에 대한 간절한 희망을 담은 전형적인 거짓말은 "만약 (……)라면"이라는 가정과 함께 시작된다. "아이가 밤에 깨지 않고 푹 자주기만 하면……, 낮에 유치원에 가면……, 학교만 졸업하면……" 등이다.

이 부모의 '만약'으로 시작되는 기대는 '그러면 드디어'로 끝난다. 여기엔 충족되지 못한 부모의 소망이 고스란히 담겨 있다. "그러면 드디어 우리도 푹 잘 수 있겠지! 그러면 드디어 직장으로 돌아갈 수 있겠지! 그러면 드디어 우리도 밤에 우리만의 시간을 가질 수 있겠지!"

하지만 이 간절하게 바라는 것들이 계획대로 이루어지지 않는 경우가 종종 있다. 또는 생각보다 훨씬 늦게 이루어지거나 아예 이루어지지 않을 수도 있다.

어떤 아이들은 몇 년씩 밤낮이 뒤바뀌기도 하고 유치원에 가지 않으려고 막무가내로 울어서 결국 마음 약한 부모를 포기시키게 한다. 그리고 반나절만이라도 다시 일을 하려고 했던 엄마의 소망은 무기한 연기된다.

학교에 다니기 시작해도 수업시간표나 교사 부족 등의 이유로 낮 12시에서 오후 3시면 집에 온다. 취학 아동을 자녀로 둔 직장여성은 아이에게 간식이라도 직접 만들어주려면 마음 넓은 사장이나 재택근무가 필요하다.

또한 학생의 10% 정도가 학교를 자퇴한다. 그런 자녀를 둔 부모는 빠른 시일 내 자립해주길 바랐던 희망이 물거품이 되는 걸 경험한다. 또는 병약해서 늘 특별한 보살핌이 필요한 아이를 둔 부모도 부담스럽긴 마찬가지이다. 장래의 부모들은 늘 자기 아이가 모든 면에서 평균 이상이길 바란다. 하지만 반드시 그렇게 되리라는 보장은 없다.

'만약'은 달갑지 않은 동행자와 함께 온다

몇 달만 지나면 다시 예전의 삶으로 돌아갈 수 있으리라는 젊은 부모들의 믿음, 조금만 있으면 포기와 양보의 삶이 끝나리라는 믿음은 오직 희망사항일 뿐이다. 부모의 시간과 유동성을 빼앗는 것이 젖먹이 아기뿐만은 아니기 때문이다. 쉴 새 없이 주위를 뛰어다니며 넘어지기 일쑤인 어린아이들 역시 많은 관심과 애정이 필요하다. 심지어 초등학교에 들어가도 해가 진 후엔 집에 혼자 있기 싫어한다. 청소년이 되면 성과 마약 문제에 정통한 대화상대가 필요하고, 성인이 되어 독립을 한 후에도 한동안은 엄마가 세탁해준 옷과 만들어준 음식을 찾는다.

이런 점에서 아이가 작으면 걱정도 작고 아이가 크면 걱정도 커진다는 옛 속담이 그른 것 하나 없다. 원하든 원치 않든 부모는 아이가 태어난 직후부터 최소한 18년간은 아이에 관한 모든 일에 동원될 각오를 해야 하기 때문이다.

물론 열네 살 먹은 딸아이에게 열흘간 집을 맡겨놓고 여름휴가를 떠날 수도 있을 것이다. 하지만 불의의 사고를 방지하려면 사전에 피임도구에 대해 충분히 설명해주어야 하며 또 마약의 효과에 대해서도 철저하게 인식시켜야 한다. 그리고 휴가를 다녀온 후 적어도 3일간은 쓰레기통을 비우고 적포도주 얼룩을 지우고 마루를 닦을 각오를 해야 한다. 물론 휴가지에서 이틀에 한 번씩 집으로 전화를 해서 집을 쑥대밭으로 만들어놓지 않았는지 딸아이가 탈 없이 잘 있는지를 체크할 수도 있다. 하지만 그렇게 되면 더 이상 진정한 의미의 휴가가 아니다.

끝없이 지속되는 육아

자녀를 돌보고 보살피며 포기할 건 포기하고 책임지는 일은 젊은 부모들이 생각하는 것보다 훨씬 더 오래 지속된다. 출산과 함께 그들의 일은 요란한 팡파르 소리를 내며 시작된다. 부모들은 그 순간부터 완전히 뒤바뀐 삶과 대면한다. 하루 일과는 뒤죽박죽이 되고 수유와 공갈젖꼭지 물리기, 그리고 잠재우기 같은 새로운 일도 배워야 한다. 처음에는 상당히 큰 감정적인 혼란을 겪게 된다고 사회학자 요단 쉴라인은 말한다. 이때 부모들은 신생아와 함께 소위 '신혼 증후군'을 경험하거나 '베이비 쇼크'로 고통받을 수도 있다. 쉴라인의 연구에 따르면 사실 둘 다 나타나는 경우가 더 흔하다.

녹다운 상태, 저기압 상태, 정서적 불안감(특히 여성의 경우)과 반대로 나르시스적인 기쁨과 사랑받고 있다는 느낌 또는 자랑스러움과 같은 서로 다른 감정의 기복은 두 달이 지나서야 겨우 가라앉는다. 업고 기저귀 갈고 아이의 울음소리에 응답하는 일의 반복, 이렇게 새로운 일상의 삶은 차츰 안정되어간다.

그때부터 부모들은 자유를 그리워하기 시작한다. 특히 엄마들은 자신의 삶이 얼마나 많이 변했는지 실감한다. 동료와 일터에 서 있는 대신 홀로 유모차를 끌고, 회의실에서 논쟁을 벌이는 대신 아기 앞에 앉아 빵빵한 아기의 배를 쓸어주고 있는 자신을 발견한다. 하지만 지적 능력이 요구되는 직장생활이나 그로부터 자라나는 자신감과 경제력을 그리워해도 다시 그 생활로 돌아갈 때까지는 몇 년이 더 걸린다. 다른 유럽 국가들과 달리 독일의 기혼 여성의 직업생활은 지금까지 대개 3단계적 구도, 즉 직장에 다니는 시기, 가족을 위해 사는 시기 그리고 직장으로의 복귀를 보여준다고 바바라 빈켄은 말한다.

육아휴직의 후유증은 오래 간다

많은 엄마들이 몇 달간의 전업주부 생활을 하고 나면 다시 직장으로 복귀하기를 간절히 바라지만 그리 쉬운 일은 아니다. 아이가 대충 컸을 때는 돌아갈 일자리가 많지 않기 때문이다. 다니던 직장이 부도났거나 또는 옛 자리가 없어졌거나 작업환경이 완전히 변해 자기 자리에 타자기 대신 최신 컴퓨터가 자리를 잡고 있을지도 모른다. 게다가 엄마들 자신도 벽을 느끼거나 자신감이 없거나 복귀하기도 전에 못해낼까봐 두려워서 아예 시도하지 않는 경우도 있다. 어쨌거나 유아가 있는 독일 여성의 75%가 전업주부로 살고 있다. 그리고 능력이 충분한 사람들 중에서도 절반만이 직장으로 복귀한다.

언젠가 다시 일하기를 원하는 엄마들은 종종 큰 어려움에 부딪힌다. 특히 휴직기간이 길면 길수록 그 어려움은 더욱 커진다. 그녀가 일하던 분야의 전문적인 발전과 새로운 기술적 발전을 놓쳤다는 말을 듣거나 컴퓨터와 표준프로그램을 다른 남성 동료나 휴직하지 않은 여자동료들에 비해 잘 다루지 못한다는 비난을 듣기도 한다. 게다가 병약한 아이 때문에 자주 자리를 비운다는 소문이 돌기도 한다. 이런 편견이 사실이 아닐지라도 인사팀장이 그 진위 여부까지 신경 써주긴 힘들다.

출산과 함께 시작된 긴 휴직 상태는 직장세계에선 분명 결점이 된다. 직업생활에서 자아를 실현하는 것은 육아휴직 후엔 더 힘들다. 아기가 있음에도 불구하고 종일 근무를 하는 여성은(독일 여성의 5%밖에 안 될 만큼 소수이다) 많은 것을 각오해야 한다. 보육기관에 우선 등록할 수 있는 권리는 아이가 만 3세 때부터 주어지며 운영시간도 일반적인 근무시간과 조율하기 어렵다. 그리고 엄청나게 불어난 가사의 대부분도 엄마가 해결해야 한다.

아이가 자라면 손이 덜 가겠지라는 부모의(특히 엄마들의) 바람, 언젠가 저절로 크고 그다지 신경을 많이 쓸 필요가 없을 거라는 바람은 망상일 뿐이다. 아이가 생기면 그 이후의 삶은 끝까지 아이와 연결되어 있다. 아이가 부모를 필요로 하지 않을 때까지. 하지만 그때쯤이면 이미 은퇴할 나이가 되어 있을지도 모른다.

6 – 여섯 번째 거짓말 아이가 있으면 젊어진다

아이는 부모를 젊게 만든다는 말이 있지만 사실 이는 모두 거짓말이다. 아이가 태어나면서 젊음의 상징인 즉흥적이고 유동적인 삶은 끝나기 때문이다. 그때부터 부모는 청춘을 연상시키는 많은 것들과 이별해야 한다. 파티에 가기엔 저녁에 해야 할 일이 너무 많다. 특이한 휴가지에 기대를 걸거나 극기 스포츠를 맘껏 해보거나 새로운 직업교육에 정열을 불사르는 대신 부모는 모든 에너지를 오로지 자녀를 돌보고 가정을 꾸리는 데 쏟아야 한다. 즉흥적인 행동 대신 1분 1초까지도 정확하게 계획한 대로 움직여야 한다. 부모에게 모험 가득한 시절은 아기의 탄생과 함께 막을 내린다.

또한 새로운 부부관계를 체험해보고 싶은 욕구도 엄마 뱃속에서 새 생명이 자람과 동시에 줄어든다. 임신을 확인한 후 결혼식이 거행되는 경우도 드물지 않다. 아이 때문에 '삶의 동맹' 관계를 체결하는 것이다. 정말 놀랍도록 순진한 결정이 아닐 수 없다. 그 아이가 학교에 입학하기도 전에 부모가 따로 살게 될지도 모를 일이기 때문이다. 그럼에도 불구하고 결혼증명서는 부모들을 안심시킨다. 그들은 관청에서 치른 결혼서약이 자신들의 사랑을 잘 지켜주리라 믿는다. 높은 국가기관이 자신들을 감시하고 있으니까. 혼인법이 부부 사이에 허용되는 것과 허용되지 않는 것을 규정하고 있으면 행복이 더 보장되리라고 믿는 걸까? 그렇게 반지를 낌과 동시에 모험적인 사랑의 삶은 끝이 난다.

하지만 결혼을 했건 안 했건 아이가 있는 사람은 무엇을 하건 가족을 고려해야 하고 몇 가지 선택 사항과는 반드시 결별을 한다. 막 아빠가 된 남자는 새로운 록 밴드를 결성하지 않을 것이며, 엄마 역시 1년간의 무료 세계여행을 받아들일 수 없다. 또한 부모가 되면 직장생활을 접고 여생을 모두 그림그리기나 글쓰기에 바치지 않을 것이다. 아이는 부모와 어느 정도 정리된 관계를 필요로 한다. 하지만 많은 사람들이 자신이 감당할 수 있는 것보다 더 많이 매달린다. 부모 스스로가 아이에 대한 지속적인 관심과 확신을 원하기 때문에 아이들에게 쉽게 양보한다. 많은 부모들이 아이의 탄생과 함께 모험과 실험정신과 이별한 것에 대해 기뻐한다. 드디어 기나긴 청춘의 방황이 끝났다고 생각한다. 엄마는 출산과 함께 내적 공허를 채워줄 수 있는 직업을 찾을 필요가 없다고 생각하며 남녀 모두 제 짝을 찾는 일도 끝났다고 믿는다. 그리고 삶의 공허를 느껴온 이에게 아이는 새로운 삶의 의미가 된다.

아이와 함께 정박하다

삶에 확고한 뿌리를 내리고자 하는 소망은 산업사회 구성원들의 공통된 희망이기도 하다. 우리 사회는 일정한 삶의 방향이 정해져 있지 않고 너무나 많은 자유가 주어져 있다. 이처럼 전통에 얽매어 있지 않고, 확고한 가치관이 정해진 완고한 사회 속에서 살지 않기 때문에 많은 사람들이 마음의 고향을 상실한 것처럼 느낀다고 엘리자베스 벡 게른스하임은 지적한다. "이 사회에서 아이를 교육하고 보살피는 것은 새로운 가치관과 의미가 될 수 있다. 즉 아이가 부모에게 존재의 의미 중심이 된다"라고 말한다.

이로써 각자의 집안에서 또는 유치원과 집 마당 사이에서 존재의 의미는 꼴을 갖추어간다. 이제 젊은 부모의 인생 목적은 분명하다. 의미 추구는 종결되었고 오랫동안 찾아왔던 행복도 발견되었다. 이렇게 모든 소망의 실현이 가족 내에서 이뤄진다.

많은 부모들이 삶의 선택 사항을 종결할 수 있게 된 것에 한시름 놓는다. 새 파트너를 찾아 헤매지 않아도 되고 새로 공부를 시작할 것인지 또는 거주지를 옮길 것인지에 대한 결정도 (부부가 동등한 관계로 살아갈 경우) 가족회의에서 이루어진다. 하지만 남자의 생각이 더 결정적인 경우가 많다. 결국 남자는, 앞서 말한 것처럼 가정 내에서의 노동 분담에 대한 규칙도 결정한다. 그럼에도 불구하고 중대한 변동 사안은 가족 모두에게 이로워야 하고 모두가 받아들일 수 있어야 하기 때문에 때론 합일점을 찾지 못한 채 무산되기도 한다.

가족회의는 오랫동안 찬성과 반대를 거듭한 끝에 변화는 거부당하고 기존 방식이 고수된다. 셋 또는 그 이상으로 구성된 집단, 게다가 어린아이까지 있으면 독신 때처럼 유연하지도 않고 부부 단둘만 있을 때처럼 잘 움직일 수도 없다. 그래서 가족은 결정이 느리고 기동력도 떨어질 때가 많다. 휴가지에서 식사 메뉴를 결정하는 데도 한 시간이 걸리고 바닷가로 주말여행을 가려고 해도 수많은 문제점이 앞선다. 해변에 장난감 자동차를 가지고 가도 되는지, 새 자전거를 꼭 가져가야 하는지, 그리고 차에 실을 수는 있는지? 부모들은 아이가 없는 커플들과 달리 오랫동안 주저하고 망설인다.

아이는 부모를 다른 사람들로부터 존경받게 하고 여유롭게 만든다

아이는 다른 한편으로 부모를 한 단계 높은 책임감의 계단으로 올려놓는다. 아이를 키우는 사람은 (늘 그런 건 아니지만) 경험과 지식에 있어 어느 정도 수준에 도달한 사람으로 통한다. 아이는 부모의 성숙도를 재촉한다고 철학자 디터 토뫼는 말한다. 어떤 사람들은 바로 이런 점 때문에 아이를 갖고 싶어하기도 한다. 아이를 가진 부모가 됨으로써 자기 부모로부터도 존중받기를 희망한다. 특히 예절을 모른다거나 학교 졸업과 동시에 확실한 직장을 찾으라는 잔소리나 다른 사람 앞에서 체면을 깎아내리는 "너 도대체 뭐가 될 거니?"와 같은 지적에서 영원히 벗어나길 바란다.

그렇게 부모가 된 이들은 흡족한 마음으로 자신들도 이제 누군가가 되었음을 느낀다. 마침내 자기 부모에게 자신 또한 이제는 자녀 교육에 대한 전문가이며 어른임을 증명한 것이다. 이젠 자기 부모들에 비해 뒤질 것이 전혀 없다. 심지어 예전의 반항아이고 소위 미운 오리새끼였던 사람도 부모로부터 전에는 받지 못했던 인정을 받게 된다. 마침내 성인으로 대접받는 것이다.

행동도 달라진다. 삶으로 뛰어드는 대신 놀라운 눈으로 세상을 알아보고 집과 가족에게로 돌아온다. 아이와 결혼증명서, 자기 소유(혹은 전세)의 집과 함께 새 가족은 자기들만의 성역을 쌓는다. 하지만 새로운 집에서 세워지는 규칙 또한 금세 경직된다. 점심은 한 시 반에 정해진 자리에 앉아서 먹어야 하고 흡연은 마당에서만 허용되며 저녁식사 때 전화를 해선 안 된다. 또 실내에 들어올 땐 신발을 벗어야 하며 뜨거운 커피 잔을 나무식탁 위에 바로 올려놓아서도 안 된다. 이중 하나라도 어겼을 땐 외출금지를 당할지도 모른다.

많은 사람들이 이렇게 스스로 규율의 감옥을 만들어간다. 또 세련되진 않지만 실용적인 물건들에 둘러싸인다. 부모들은 건강 샌들을 신고 장을 보러 간다. 휴가는 이탈리아산 산악자전거로 구불구불한 알프스 고개를 넘는 대신, 짐으로 가득 찬 가족용 승용차로 꽉 막힌 고속도로에 진입한다. 집으로 돌아와선 드라마 앞에서 저녁시간을 때운다. 그리고 멜로드라마의 주인공 이름이라도 외우며 유행에 뒤지지 않는 것에 안도한다.

음악에서도 유행에 뒤지지 않으려면 부모는 시간이 없다. 부모가 되면서 그들의 CD장은 취향이 시대에 뒤처졌음을 여지없이 드러낸다. 거실에서 오디오 대신 라디오 음악이 흘러나올 땐 손님이 자주 찾아오지 않는 것이 고마울 따름이다. 라이브콘서트에 관한 한 부모는 아이들의 충고에 의존한다. 담배연기 자욱한 재즈 클럽 대신 가까운 콘서트장 앞에 줄을 서고, 지역의 축구팀이 중요한 홈경기를 벌여도 조깅복 차림으로 영화관을 찾는다.

불과 몇 년 전만 해도 모험심도 없고 순응만 하는 자기 부모를 닮지 않으려고 애썼던 이들도 부모가 되는 순간 의욕 상실과 끝없는 스트레스로 인생의 절정기를 보내는 재미없는 어른의 끔찍한 자화상이 되어간다. 진짜 젊게 사는 부모는 극소수에 불과하다.

7 — 일곱 번째 거짓말 시간이 지나면 저절로 엄마가 된다는 건 희망사항일 뿐이다

사회는 말한다. 처음부터 엄마로 태어나는 사람은 없다. 시간이 지나면 자연스럽게 엄마가 된다는 말도 있지 않은가. 이 말은 여성이 특별히 엄마가 되기 위해 준비해야 할 필요가 없다는 뜻이다. 특히 새로운 역할에 대한 서먹함이나 두려움, 거리감은 절대 갖지 않아도 되고 아무 걱정 없이 임신에 돌입하기만 하면 된다. 엄마로서 필요한 모든 능력은 때가 되면 자연스럽게 배우게 마련이라고 말한다.

엄마 역할에 저절로 익숙해진다는 말은 엄마가 되는 것을 막연하게 낭만적이고 쉽게 생각하는 산모들에게 위안을 준다. 그렇다면 아이에게 끝없이 주의를 기울여야 하는 것이 힘들고, 집안일이 지겹고, 직장이 그리운 사람은 아직 진정한 엄마가 되지 못해서 그런 걸까? 엄마 역할에 적응하게 되면 정말 나아질까? 심지어 여자라면 누구나 엄마가 되도록 태어났다는데 진정한 엄마가 된 후엔 아이를 지켜보고 돌보는 일이 너무 즐겁고 다른 곳에 전혀 눈을 돌리지 않게 될까? 처음엔 남들보다 더 서툴러 보일 수도 있지만 결국엔 누구나 제자리를 찾고 적응하게 된다고 한다. 그런 주장을 하는 사람들은 그 증거로 세상의 (거의) 모든 여성들이 그 역할을 다 해내지 않느냐고 반문한다.

여자는 엄마가 되는 순간 새로운 역할에 흡수되며 내적으로 풍요로워지고 행복감을 느끼게 된다는 생각, 혹은 여자는 엄마가 됨으로써 비로소 삶의 완성을 맛보게 된다는 잘못된 믿음이 아직도 곳곳에 존재한다. 아이의 탄생은 부모 모두에게 일생일대의 사건임에는 틀림없다. 하지만 심리학자들은 엄마에게 있어 출산은 인생에서 '비판적인 사건'이라고 말한다. 이건 다시 말해 자신의 (사회적인) 환경을 새로 정비하고 변화된 요구에 적응함으로써 새로운 균형감을 찾아야 한다는 뜻이다.

시험대에 오른 엄마

많은 사람들이 아기와의 새로운 일상을 힘겨워하고 심지어 육아에 능력이 없음을 걱정하는 것도 놀라운 일은 아니다. 하지만 많은 이들이 새로운 가족 일원이 탄생하기 전에 아기가 어마어마한 변화를 몰고 올 것에 대해 심각하게 고민하지 않는다. 특히 젊은 부부들은 너무나 순진하게 가족계획을 세운다. 교육학자인 우타 슐츠 브룬과 에디트 슈템플러 샤이히는 별 생각 없이 아이를 갖기로 결심하곤 나중에서야 쩔쩔매며 힘들어하는 젊은 부모들을 자주 보았다고 털어놓았다.

그러한 경험을 계기로 그들은 마침내 '출산고민기간'이라는 프로젝트를 진행하게 되었다. 이 프로젝트는 13~18세 남녀학생들에게 미래를 미리 체험해볼 수 있는 기회를 제공한다. 그들은 우선 4일간 컴퓨터로 조종되는 '시뮬레이션 아기'를 돌보아야 한다. 테스트용 아기는 진짜 아기처럼 밤낮으로 관심을 기울이고 보살펴줘야 한다. 조금이라도 소홀히 하면 자지러지는 울음소리로 불만을 알린다. 예비엄마와 아빠는 이 테스트를 통해 2세가 생길 경우 삶이 어떻게 달라지는지 미리 체험하게 된다.

이론적으로 전달된 지식보다 실제적인 경험이 기억 속에 더 오래 남는다는 생각에서 출발한 이 프로젝트는 대단한 성과를 보였다. 이 프로젝트에 대한 논문이 아직 완성되진 않았지만 우타 슐츠 브룬은 "시험용 아기와의 접촉은 아주 성공적이었다"고 귀띔해주었다.

아기를 돌보는 일이 힘에 부치거나 또는 (특히 야간에) 아기의 울음소리 때문에 다른 가족들과 함께 스트레스를 받았다는 학생들이 매 과정마다 나왔다.

실험에 참가한 학생들의 대답 중 전형적인 것은 "아기를 갖고 싶지만 지금은 아니고 나중에요"였다. 프로젝트 진행자는 1999년 호주의 한 교육학과에서 진행한 연구에서도 유사한 결과가 나왔다고 말했다.

하지만 그들은 시뮬레이션 아기 실험이 성인에게도 의미가 있는지에 대한 질문에는 회의적이었다. "성인들은 자신의 경험을 바탕으로 더 고민하고 또 다른 사람들과 이 주제에 대해 의논할 수 있는 가능성이 더 많다"고 우타 슐츠 브룬은 말한다. 하지만 성인교육의 전문가들이 이 프로젝트에 관심이 있는 여성과 남성에게 실험을 해보고 싶다고 제의해오면 거절하지 않을 것이다.

시험용 아기는 10대 이후의 세대들에게도 분명 교훈을 줄 것이다.

가령 부모가 되기 전에 미리 밤에 아기가 울면 누가 달랠 것인지에 대해 서로 의논할 수도 있다. 그리고 실험을 통해 자신의 (그리고 파트너의) 참을성과 예민함을 가늠해볼 수도 있다. 결국 아기 문제에 대한 결정은 인생에서 가장 책임질 부분이 많아지는 일임을 깨달아야 한다.

예비 부모들은 너무 순진하다

시뮬레이션 베이비는 아기를 갖고자 하는 사람들에게 부모로서의 삶에 가장 근접한 일면을 이미 보여준다. 왜냐하면 아기를 다루는 실상에 관해 요즘 어른들은 너무 모르기 때문이다. 벡 게른스하임은 이전 세대들에 비해 훨씬 더 모른다고 말한다. 그 이유는 전반적으로 아이들의 숫자가 줄었기 때문이다. 요즘 세대는 형제자매도 많이 없고 자기 아이가 생기기 전까지 주변에서 아기들을 볼 기회도 없다. 우는 아기 달래기에서부터 용변가리기, 잠재우기 등에 대해 소위 착실한 부모들은 전문가에게 이론적인 노하우를 묻는다. 또한 아이의 코를 닦아주는 방법을 아는 데서 그치는 것이 아니라 수학과 음악적 재능을 키워주고 사회성과 자신감도 길러주고자 한다. 하지만 이런 지식은 날 때부터 갖고 있는 것이 아니고 특히 '여자라는 존재' 속에 자연적으로 심어져 있는 건 더더욱 아니다.

따라서 좋은 엄마가 되기 위한 높은 요구를 충족시키기 위해 요즘은 이론과 실재의 틈을 줄이기 위한 시간이 필수적이다. 엄마 역할을 자연스럽게 익힐 때까지 기다리지 않고 힘겨운 노력을 통해 습득한다. 부모가 어린 코흘리개를 키우기 위해 어떻게 준비해야 할지는 그들의 몫이다. 몇 세 이상부터 오토바이를 탈 수 있는지, 노동시간과 휴가의 비율은 어떠한지 그리고 수영이 금지된 곳과 낚시를 할 수 있는 곳에 대한 규칙을 정하는 국가조차도 출산에 대해서는 침묵한다.

"자녀 문제처럼 결정적이면서도 일생 동안 영향을 미치며 통제되지 않고 국가의 방침도 없는 문제는 드물 것이다"고 철학교수 디터 토뫼는 말한다. 사실 아이를 낳는 데는 아무런 증명서나 자격증이 필요 없다. 아이를 폭력 없이 키우기 위해 필수과목을 이수해야 하는 것도 아니고 셋이서 함께 새로운 삶을 준비하기 위한 예비코스 같은 것도 없다.

그래서 많은 부모들이 아무런 준비 없이 부모가 된다. 그리곤 첫아이가 태어나자마자 그 아이가 일상을 얼마나 많이 변화시키는지에 대해 깜짝 놀라며 당황한다. 차라리 (자발적인) 부모자격증 같은 것이 있으면 얼마나 좋을까? 그러면 소가족이라는 바다에서 배를 갈아타는 데 도움이 될 수도 있을 것이다. 또 육아라는 덫에 대비하는 법, 교육의 기초에 대해서도 배우게 하고 너무 이상적인 생각에 빠진 부모를 다시 현실로 데리고 오는 데도 도움이 될 것이다. 부모가 되는 결정은 한번 내리면 돌이킬 수 없다. 직장은 견딜 수 없으면 사표를 쓰면 되고 결혼생활도 힘들면 깰 수 있다. 하지만 부모가 되기로 한 결정은 돌이킬 수가 없다. 그리고 그 결과는 평생을 간다.

가족계획을 세우는 건 극소수뿐이다

부모가 되기 위한 훈련에 관심을 갖는 사람은 거의 없다. 그건 아마도 장차 부모가 될 이들이 자녀계획에 대해 너무 쉽게 생각하기 때문일 것이다. 전쟁터가 될 가정에서 영리하게 대처하기보다는 대부분의 여성들이 자신도 모르게 엄마의 역할로 빨려 들어가는 경우가 많다. 자신과 남편이 부모가 될 자격을 갖추고 있는지 점검하고 이만하면 됐다 싶을 때 콘돔이나 루프 또는 피임약을 쓰레기통에 던져버리는 것이 아니라 1950년대처럼 어쩌다가 피임하는 걸 잊어버려서 우연히 임신하게 되는 경우가 허다하다.

최근 건강증진을 위한 연방중앙회에서 실시한 조사는 요즘 여성들이 가족계획을 어떻게 세우는지 잘 보여준다. 조사단은 약 1,500명의 독일 여성에게 여성의 삶에 대해 물었고, 임신에 대한 생각과 가족계획에 따라 네 가지 유형으로 분류했다.

첫 번째는 어릴 때부터 항상 아이갖기를 원했던 그룹이고, 두 번째는 왔다갔다 하지만 언제든지 준비는 되어 있다는 그룹이었다. 전문가들은 이들을 '닥치면 한다'는 주의라고 표현했다. 세 번째 그룹은 자녀계획이 남편이나 형편에 달려 있다고 했고 마지막 그룹은 아무 준비 없이 이른바 속도위반으로 임신한 경우였다. 이 네 번째 그룹은 임신하기 전까지 아이를 갖는 것에 대해 아무 생각이 없었고, 소망과 실현이 한번에 일어났다고 할 수 있다.

결국 전체적으로 56.8%만이 첫 임신을 계획했던 것으로 나타났다. 그러니까 거의 여성 두 명 중 한 명은 임신을 신중하게 고려해보지도 않고 엄마가 되었다는 결론이 나온다. 임신이 자신의 인생에 어떤 영향을 미칠 것인지 고민하는 대신 아기에 대한 결정을 임신이 된 것을 알게 되는 순간까지 마냥 미루는 것이다. 하지만 그 시점도 대개 임신 초기인데, 당사자는 마음 편하게 결정을 내릴 수가 없다. 엄마가 되지 않으려면 빨리 낙태를 해야 한다.

하지만 아직도 낙태는 가톨릭 신자를 비롯해 많은 사람들로부터 죄악으로 간주되고 있다. 따라서 낙태를 결심하면 보수적인 권위들에 맞서야 하고 자기 가족들, 특히 엄마의 권위와 충돌하게 될 것이다. 여성들은 자기 엄마로부터 아기를 낳으라는 무언의 압력을 가장 많이 받는다고 국립 조기교육기관의 마르틴 텍스토어는 말한다. 이러한 사회적 압력과 호르몬의 영향 때문에 많은 여성이 낙태를 포기하고 아기를 낳는다. "엄마는 아이를 진짜 원해서 낳는가, 아니면 원하지 않는데도 엄마가 되는 것인가?"라는 질문에 텍스토어는 이렇게 말한다.

"자유의지로 아기에 대한 결정을 내리는 경우는 아주 드물다."

V

아이 없는 여성들에 대한 여덟 가지 편견

아 이 없 는 여 성 들 에 대 한 여 덟 가 지 편 견

1 – 첫 번째 편견 그저 그런 남편을 가졌다

옛날에는 아이를 원하지 않는 사람은 선량하지 않다고 생각했다. 그리고 아이가 없는 여자는 '신의 저주를 받은 것'으로 여겼다. 지금까지도 아이가 없는 '소수'에 대한 편견은 여전히 고수되고 있다. 이기적이다, 감정이 없다, 어리다, 다른 사람을 배려할 줄 모른다, 물질적이다 등 그들을 따라다니는 부정적인 꼬리표는 끝이 없다. 또 그들은 여성스럽지 않다거나 애정관계에 운이 별로 없거나 덜 행복할 거라고 추측하는 사람도 있다.

심리학자 크리스티네 칼은 자신의 박사논문에서 지난 50년간(그리고 지금까지도 존재하는) 아이 없는 여성에 대해 존재해온 편견들을 나열했다. 그 중에는 아직도 그들은 어딘가 정상이 아닐 거라는, 머리가 쭈뼛 설 정도로 심한 편견들도 많이 있었다. 사회적 편견은 아이가 없는 여성들을 병약하고 자기중심적인 신경증 환자로 몰아붙였다.

하지만 이런 주장들은 한마디로 터무니없다. 아이 없는 여성들은 결코 생활력이 없는 사람들이 아니다. 오히려 아이가 있는 동료들보다 직장에서 더 성공한 경우가 많다. 또한 엄마들만큼 정신적으로나 신체적으로 건강하다고 크리스티네 칼은 말한다. 그리고 아이 없는 여성은 평생 낙도 없이 찌푸린 얼굴로 살아간다는 주장도 잘못되었다. 그들은 부모가 되려거나 부모인 사람들만큼이나 인생을 즐기면서 행복하게 살아간다. 심지어 크리스티네 칼은 이런 주장을 하는 사람은 완전히 착각을 하고 있다고 말한다. 왜냐하면 중년의 나이가 되면 아이 없는 이들이 아이가 있는 부모들보다 삶에 더 만족하며 사는 경우가 많은 것으로 나타났기 때문이다.

배우자는 결정적인 요소가 아니다

이처럼 고약한 뒷얘기를 감당하려면 아이 없는 여성들은 철면피가 되어야 한다. 그래야 그런 편견들을 떨치기가 좀더 쉬울 것이다. 또한 그 편견들에 대해 신중하게 검토해서 정말 그런지, 아니면 그냥 사악한 험담에 불과한지 판단해야 한다.

아이 없는 여성에 대한 제일 흔한 편견은 배우자에 관한 것이다.

친구나 친척들은 그녀가 배우자만 제대로 만났어도 아이를 가졌을 거라고 추측한다. 이런 추측의 이면에는 여성이라면 자기 아이를 낳고 싶어하는 것이 당연하다는 믿음이 깔려 있다. 하지만 앞서 밝힌 것처럼 이것은 잘못된 믿음이다. 하지만 그들은 예외를 두지 않고 한 술 더 뜬다. 즉 여자는 배우자가 아빠로서의 자질이 부족하다고 생각할 때 아이에 대한 생각을 덮어버린다고 믿는다. 물론 가장이 될 자격이 없는 남자들도 있다. 폭력적이라든지 알코올 중독이라든지 또는 도박에 빠졌거나 아니면 장기간 무능력하게 지낸다든지 등과 같은 경우는 많다.

그래서 이런 추측도 어느 정도는 일리가 있다고 봐야 할 것이다. 사실 진짜 고약한 남자를 만나 이상적인 가정을 꾸릴 꿈조차 꾸지 못하는 여자들도 있다. 하지만 아이를 갖지 않는 이유가 꼭 여기에만 해당되는 것은 아니다. 크리스티네 칼은 아이를 갖지 않는 이유로 배우자가 자질이 없다거나 단순히 기회가 없었다고 말하는 여성들을 만났다. 하지만 그건 아이 갖기를 미루는 일부 여성들의 경우뿐이었다. 그리고 가끔은 처음부터 '아빠와 가장으로 아주 이상적인 남자'를 피하는 것 같다는 느낌을 주는 여성들도 있었다. 그들에겐 '자질 없는 배우자'가 아이를 낳지 않기 위한, 또는 아이를 낳으라는 사회적 압력을 피하기 위한 적당한 핑곗거리로 보였다.

여성들이 아이를 원하지 않는 이유 중 배우자의 자질은 일차적인 원인이 될 수 없다. 조사 결과도 아기의 기저귀를 갈고 젖병을 데우길 포기한 이유가 '가장으로 적합하지 않은 배우자' 때문인 경우는 극히 적은 것으로 나타났다. 특히 일찍부터 아이를 낳지 않기로 결정한 경우, 배우자는 아무런 역할을 하지 않는다. 아이를 진심으로 원한다면 몇 년이 걸리든 아버지가 될 자격이 있는 배우자를 찾으면 될 것이다. 하지만 그런 경우는 없었다. 여자가 배우자의 자질을 문제 삼을 때 실은 그의 성격이나 능력뿐만 아니라 두 사람이 처한 상황도 한 몫을 했다. 어떤 이들은 아이를 낳기 위한 전제조건을 분명하게 정해놓기도 했다.

■ 레기나

자식을 갖지 않기로 결정한 이유 중엔 그동안 함께 살아온 남자들 중 아이들의 아빠가 될 자격이 없는 사람들도 있었기 때문이에요. 그런데도 아이를 꼭 낳기를 원할 땐 아이가 있어도 계속 자유롭게 활동할 수 있는 조건들을 내세웠죠. 하지만 그건 사실 충족되기 어려운 조건들이에요. 제게 자유를 보장해주는 조건들이란 대부분 돈과 관련되어 있어요. 한편으론 가족의 부양을 책임지고 퇴근 이후와 주말을 가족에게 헌신하는 남자이면서 또 다른 한편으로 둘만의 시간을 위해 베이비시터를 쓸 수 있을 만큼 돈을 많이 버는 남자면 좋겠다는 거죠. 하지만 이건 아무리 생각해봐도 너무 무리한 요구인 것 같아요.

그런가 하면 이와는 전혀 반대의 상황도 있다. 즉 자신들이 보기에도 배우자가 이상적인 아빠가 될 것 같은 경우이다. 하지만 그래도 그들은 아이를 낳고 싶지는 않다고 했다.

■ 우테

저는 엄마가 되면 아이들에게 무척 엄할 것 같아요. 임신한 10개월 동안 좋은 엄마가 되기 위한 준비를 할 수 있으니까 어쩌면 달라질지도 모르죠. 하지만 그래도 전 엄한 엄마가 될 것 같은 생각이 들어요.

반대로 제 남편은 부드러운 아빠가 될 수 있을 거예요. 그래서 저보다 남편이 부모로선 훨씬 더 이상적이죠. 아이들의 마음도 잘 이해해주고 안정된 부모가 될 수 있을 거예요.

이처럼 설사 배우자가 '더 나은 엄마'가 될 수 있어도 그것이 아이를 낳고 싶은 이유가 되진 않았다. 다시 말해 아이를 낳지 않겠다는 결정이 반드시 배우자의 자격을 걱정해서는 아니라는 뜻이다. 심지어 어떤 여성들은 배우자가 아이를 전적으로 책임지겠다고 하고 또 그 말을 신뢰할 수 있는 상황인데도 아이 없이 살겠다는 마음을 바꾸지 않는다.

■ 마를레네

우리는 전통적인 부부의 역할 분배와 거리가 멀어요. 즉 서로에게 의존하지 않고, 무엇보다 일을 좋아해서 귀가 시간이 늦을 때가 많죠. 우린 둘 다 일이 우선이라서 저녁 늦게 또는 주말에 꼬박 일만 해도 서로 원망하지 않아요. 오히려 그럴 땐 서로 더 챙겨주려고 해요. 그리고 좀 더 한가한 사람이 알아서 집안일을 해요. 만약 우리에게 아이가 생기면 남편이 직장을 그만두고 아이를 보게 될 거예요. 왜냐하면 제가 남편보다 일하는 걸 훨씬 더 좋아하고 열심히 하며 또 제 수입이 더 많기 때문이죠.

아이 없는 여성들, 특히 (아이 낳기를) 늦게 결정한 여성의 경우 서로 마음이 통하며 삶을 풍요롭게 하는 부부관계에 많은 무게를 둔다. 그리고 바로 그 점 때문에 아이 갖기를 포기하기도 한다. 이들에겐 특히 '자질 없는 남편' 같은 편견이 맞지 않는다. 정확히 말하면 오히려 그 반대인 경우가 더 많다. 그런 여성들은 서슴없이 '대어(大漁)를 낚았다'고 표현했고, 영원히 그와 오붓하게 지내고 싶은데 아기가 태어나면 그런 관계가 깨질까 두렵다고 했다.

최근의 한 연구가 이들의 생각이 전혀 근거 없는 것이 아님을 증명해주고 있다. 즉 첫아이가 태어난 후 부부관계가 급속도로 나빠지는 것으로 나타났다. 프테나키스와 칼리키, 페이츠는 "부모가 되면서 부부관계는 서서히 침체되기 시작하며 부부 사이가 눈에 띄게 안 좋아진다"고 말한다. 사실 이건 그다지 놀라운 결과가 아니다. 왜냐하면 부부에게 아이가 생기면 대화를 하거나, 출산 직후 얼마간 성관계를 자제해야 하는 것 외에도 애정을 표현할 시간이나 여유가 없다.

젊은 아빠는 아이가 태어나자마자 질투심에 불탄다. 자기 대신 이젠 아기가 아내의 젖가슴을 차지하며 두 사람 사이에 전혀 끼어들 틈이 없다고 느끼기 때문이다. 그런데 꼭 남자만 아내의 관심을 빼앗긴 것처럼 느끼는 건 아니다. 견고하던 두 사람의 사이를 아기가 갈라놓을까 걱정하는 여자들도 있다.

■ 마를레네

아기가 태어나면 우리 부부관계가 지금과 달라지리라는 건 불 보듯 뻔해요. 우리는 함께 지낸 시간이 길어서 모든 관심이 서로에게만 집중되어 있는 건 아니에요. 하지만 예전에는 아기에게 그이의 사랑을 빼앗길까 두렵기도 했어요. 아마 아기가 있었더라면 실제로 그랬을 거예요. 그건 자연적인 현상이고 지극히 당연한 일이죠. 그래야만 아기가 최고로 보호받을 수 있을 테니까. 아기와 남편의 사랑을 나눠가질 수도 있겠다는 생각이 든 건 아주 최근이에요.

아기 없는 여성이라고 모두 남편과의 밀착된 애정관계에 집착하는 건 아니다. 크리스티네 칼은 커플마다 관계의 중요성에 대해 다른 의견을 갖고 있음을 발견했다. 아기 낳기를 일찍 포기한 여성들은 대개 파트너와 의견충돌이 잦았고 거리를 두었다. 하지만 의견충돌을 심각하게 생각하진 않았다.

아이 없는 여성은 일반적인 편견들과 달리 멋진 배우자와 사는 경우가 많다. 그래서 그들은 아기와 배우자의 사랑을 나누고 싶어하지 않는다.

어쨌거나 다수의 여성은 남편이 아빠로서 적합하지 않다는 이유로 아기를 포기하진 않는다. 물론 아이 없는 여성들 중 부모가 되기에 '이상적인 남자'는 영원히 없다고 말하는 사람도 가끔 있다. 하지만 대부분의 여성들은 아이를 낳지 않는 이유가 다른 데 있었다. 가령 밀착된 애정관계가 변할까 두려워서라든가, 직장 일에 더 매진하고 싶어서 또는 그냥 아기를 낳고 싶은 생각이 없어서나 현재 생활에 너무 만족하고 그걸 바꿔야 할 특별한 동기나 이유가 없기 때문이라는 등이다. 그리고 현재 배우자에게 절대적으로 만족하기 때문에 그를 아기와 나누고 싶지 않다고 말한 여성들도 많았다.

이처럼 멋진 남자를 만나면 아기를 낳고 싶어한다는 생각은 잘못된 편견이다.

2 - 두 번째 편견 **여자는 아이를 원하는데 남자가 꺼린다**

항상 아이를 낳자고 조르는 건 여자라는 편견은 어떤가? 어떤 여자가 아이를 원하지 않는 파트너 몰래 피임약을 끊어 임신을 했다는 이야기는 여자가 얼마나 임신을 원하는지를 증명하는 수많은 레퍼토리 중 하나에 불과하다. 그런데 그렇게 갖가지 방법을 다 써도 아이가 생기지 않는 건 파트너가 절대로 그녀의 요구를 들어주지 않기 때문이란다. 진짜 그럴까?

남자와 여자 중 누가 원해서 아이가 태어나게 되는지에 관한 조사는 지금까지 없었다. 반대로 아이 없이 사는 계획이 누구로부터 나오는지에 대해서도 정확하게 파악되지 않았다. 통계학자들이 남자와 여자 중 누가 더 아이를 원하지 않는지에 대해 확실한 자료를 제시해주지 못한다. 물론 전체적으로 아이 없이 사는 남자가 여자보다 더 많긴 하다. 하지만 자기 아이가 태어난지 모르고 사는 남자들도 있고 또 친자라는 확신이 없어서 부정해버리는 경우도 있기 때문에 어느 쪽도 정확하지 않다.

모든 이성 간의 결혼에서 아이 문제는 언젠가 화두가 되게 마련이다. 그리고 커플 중 절반 정도가 의견의 일치를 본다고 한다. 합의가 이루어지지 않는 경우는 서로 자기주장만 하기 때문이다. 대개 한쪽은 아이를 반대하고 나머지 한쪽은 결정을 못 내리고 망설인다. 하지만 드러내놓고 싸우거나 의논을 하는 경우는 드물다고 크리스티네 칼은 말한다. 그리고 언쟁이 벌어지는 경우는 남자가 여자에게 아이 갖기를 포기시키려고 할 때라고 한다.

남자는 아이를 원하는데 여자가 반대할 경우

그렇다면 여자는 아이를 원하고 남자가 망설이거나 강력하게 반대하는 것이 더 일반적이라는 생각이 맞는 것인가? 내가 인터뷰한 13명의 여성들이 독일인 전부를 대표한다고 할 수는 없다. 따라서 그들의 대답에서 학문적으로도 뒷받침된 결론을 끌어낼 순 없다. 하지만 그들의 대답을 통해 아이 없는 사람들의 삶이 어떠한지 대략 짐작할 수는 있다. 이들 중 파트너의 강요 때문에 아이 없이 살겠다고 결정한 사람은 하나도 없었다. 몇몇은 파트너를 만나기 훨씬 전부터 이미 아이 없이 살기로 결정했고 지금까지 마음이 전혀 바뀌지 않았다고 했다.

■ 모니

현재 제 남자친구는 아이를 원하지 않아요. 하지만 나이가 들면 충분히 변할 수 있을 것 같아요. 저도 서른 살 때는 생각이 오락가락했었거든요. 우리는 서로를 신뢰하며 서로에게 충실한 편이죠. 하지만 전 늘 그에게 아빠가 되기를 원하는 순간 저와의 관계는 끝이라고 말해왔고 지금도 변함이 없어요. 물론 혹시라도 만약 제가 아이를 낳고 싶어한다면, 그는 틀림없이 아빠가 되어줄 테지만요.

또 내가 인터뷰한 여성들 중에는 파트너와 함께 결정을 내린 경우도 있었다. 그들 중 두 명은 아이를 정말 원하는 남자와 살고 있거나 산 적이 있다고 말했다.

■ 카렌

15년 전부터 함께 해온 제 남자친구는 아이를 늘 원했어요. 그는 대가족 사이에서 자랐고 자신도 자식이 많은 걸 원한대요. 이 점은 그와 나 사이의 결코 풀 수 없는 갈등의 불씨이기도 해요. 물론 그도 가끔은 대가족을 이루고 살겠다는 인생 계획에 회의를 느끼고 저 역시 한 번씩 갈등을 해요. 하지만 아이가 있었더라면 우리 관계는 지금 같지 않을 테고 훨씬 더 어려움이 많았을 거라고 생각해요. 우린 둘 다 활동 영역이 넓은 편인데 만약 아이가 있다면, 더욱이 여럿이 있었다면 지금 같은 생활은 불가능했을 테니까요.

또 제가 불임수술을 했고 그걸 되돌리긴 어렵기 때문에 입양을 할까 생각해본 적도 있어요. 하지만 제 남자친구는 아이를 원하면서도 자신이 가장이 될 수 있을지 아직 확신이 없대요. 그래서 그냥 지금처럼 사는 게 좋겠다고 결정을 내렸어요.

카렌은 아이 없이 살겠다는 자신의 인생 계획을 파트너에게도 관철시킨 경우이다. 다음의 경우에서는 역시 젊었을 때 불임수술을 해버린 브리기테가 아빠가 되기를 원하는 파트너와 자주 갈등을 겪고 있다.

■ 브리기테

제 경우엔 늘 아이 문제가 화두에 올랐어요. 제가 만난 남자들은 대부분 시간이 지나면 아이를 원했거든요. 하지만 전 불임수술을 되돌릴 수 없을까 하고 생각해본 적은 한 번도 없어요. 그저 아이를 원하는 남자 친구 때문에 마음이 좀 아팠을 뿐이죠. 그들 중에는 진짜로 수술을 다시 할 수 없느냐고 물어본 경우도 있어요. 그들이 아이를 원하는 마음을 이해 못하는 건 아니에요. 그 문제로 자주 언쟁을 했지만 결국엔 그들이 제 생각을 받아들였어요.

13명의 인터뷰 대상자 중에서 하필 불임수술을 한 여성이 아이를 꼭 원하는 남성과 만난 것은 우연일 수도 있고 아닐 수도 있다. 어쩌면 여성들은 불임수술을 했기 때문에 언쟁에 더 자신이 있는 것인지도 모른다. 혹은 아이를 원하는 남자를 만나는 걸 두려워하지 않을 수도 있다. 일시적인 기분으로 임신을 결심하게 될 경우가 절대 없기 때문이다. 그런 그녀를 엄마로 만들기 위해선 정말로 확실한 이유가 필요할 것이다. 그렇지 않으면 그의 소원은 좌절하기 쉽다. 불임수술을 되돌리려면 또 한 번의 수술이 필요하고 또 수술이 반드시 성공하리라는 보장도 없기 때문이다. 또 하나의 가능성은 입양이지만 행정절차가 여간 까다로운 것이 아니다.

한편으로 하필 불임수술을 한 여자의 남자친구 또는 남편이 아이를 원한다고 말하는 데는 숨은 이유가 있을 수도 있다. 오히려 임신할 가능성이 전혀 없기 때문에 부담 없이 아이를 갖고 싶다고 말하는 게 아닐까. 좀더 신중히 고민한 후엔 결국 맘을 돌린다 하더라도 일단 임신이 불가능한 여자와는 아무런 고민 없이 아빠가 되는 꿈을 꿀수 있고 충족될 수 없는 행복을 맘껏 아쉬워할 수 있을 것이다.

반면 언제든지 임신이 가능한 여성의 경우에겐 아이를 원한다는 말을 함부로 내뱉을 수 없다. 아이를 좋아하는 것 같은 눈치가 보이자마자 여자는 남자의 말을 진심으로 받아들여 임신을 준비할지도 모르기 때문이다.

위에서 언급한 두 여성은 젊은 나이에 불임수술을 했고 파트너의 소망을 거부한 유일한 경우였다. 하지만 이따금씩 다른 아버지들을 부러운 눈으로 쳐다보는 남자와 함께 사는 건 그들뿐만이 아니다.

■ 바바라

우리 관계는 7년 반이나 지속되고 있지만 한 집에서 같이 살고 있진 않아요. 제 남자친구는 아이를 갖고 싶어하죠. 그런데 제가 아이를 원하지 않기 때문에 그냥 제게 맞춰주는 것뿐이에요. 하지만 그 역시 지금 당장 아이를 꼭 원하는 건 아니에요. 가끔, 그러니까 1년에 한 번쯤 이런 말을 던지는 정도죠. "아, 나도 아이가 있으면 정말 좋겠어." 하지만 그리고 1년간은 아이에 대해 한마디도 꺼내지 않아요.

아이를 먼저 원하는 건 항상 여자라는 주장은 틀렸다. 그걸 증명하는 건 비단 나의 인터뷰만이 아니다. 앞서 언급했듯이 일찌감치 그런 결정을 내린 여성들의 경우 아예 파트너와 아이에 대해 진지하게 의논하는 것조차 꺼렸다. 그리고 남자가 끝까지 아이를 고집하면 언제든지 헤어질 준비가 되어 있었다.

아이 문제는 그녀가 결정한다

조기에 결정을 내린 후 마음이 흔들리지 않는 여성들을 제외하더라도 아이 문제는 결국 여자의 결정에 달렸다고 생각하는 커플들이 있었다. 아이를 통해 삶이 완전히 달라지며 또 가장 무거운 짐을 떠안는 건 모두 여자이기 때문이다. 여자는 아이를 위해 휴직도 감수해야 하고 나중에 육아와 교육에 대해서도 주로 책임져야 한다.

2세 문제를 결정짓는 것이 남자가 아니라 여자라는 또 하나의 증거가 있다. 다양한 연구 결과, 남자는 여자에 비해 아이 문제에 대해 고민을 덜 하는 것으로 나타났다. 물론 아이가 태어나도 그들의 삶에선 크게 달라지는 것이 없으니 그럴 수도 있을 것이다. 그럼에도 불구하고 남자들에게도 2세 문제가 그렇게 가벼운 문제일 리는 없다. 퇴근후에 자기처럼 직장생활을 하는 아내와 둘만의 시간을 갖든 아니면 치맛자락을 붙들고 늘어지는 아이들과 지칠 대로 지친 엄마와 보내든 아무 상관이 없단 말인가?

어쨌거나 여자가 아이 문제에 대해 더 많이 생각하고 고민하는 것만은 사실이다. 그리고 그에 대한 생각을 먼저 꺼내는 것도 대부분 여자이다. 아마 그래서 여자는 아이 문제에서 벗어나지 못한다고 생각할지도 모르겠다. 그뿐만이 아니다. 아이 문제에서 그녀는 먼저 말을 꺼낼 뿐만 아니라 흔적을 남긴다. 집안일에서 남자들이 고집스럽게 또는 조용히 자기 생각을 관철시키는 것과 달리 아이 문제에서는 여자가 훨씬 더 할 말이 많다. 그리고 놀랍게도 남자들은 이 문제에서만큼은 대체로 여자의 생각을 따른다.

따라서 아이 없는 운명이 모두 남자 탓이라는 생각은 틀렸다. 여자가 남자보다 아이 문제에 대해 훨씬 더 많이 생각하며 자신의 결정을 관철시킨다.

3 — 세 번째 편견 너무 오래 망설이다가 때를 놓쳤다

아이 없는 여성에 대한 또 하나의 편견은 너무 망설이다가 출산할 때를 놓쳤다는 생각이다. 예를 들면 어떤 여자가 아이를 원하긴 했는데 할일이 너무 많아서 미루다가 나이가 너무 들어버렸다는 것이다. 학업도 마쳐야 하고 부부관계도 점검해야 하고 직장에서는 승진해야 하고……, 그러다 보니 임신 계획이 늘 뒤로 밀려났다는 것이다. 그러다가 드디어 머리와 가슴으로 받아들였을 땐 이미 몸이 따라주질 못하게 되었단다.

실제로 아이 없는 여성들 중에는 자신의 라이프스타일에 대해 해명하기 위해 이렇게 말하는 경우가 있다. 소위 임신을 계속 미뤄온 경우인데 아이 없는 여성의 25%가 이에 해당한다. 하지만 크리스티네 칼이 분류한 나머지 두 유형들은 자신을 생물학적 한계의 희생양으로 생각하지 않았다. 그들은 스스로 아이 없는 삶을 선택했다고 분명히 말했다.

결정 대신 피임

사실 남자와 성관계를 가지면서 임신을 걱정하지 않아도 된 건 아주 최근의 일이다. 50년 전만 해도 정기적인 성관계의 경우 임신 가능성이 매우 높았다. 하지만 요즘은 피임방법이 아주 간단하다. 독일에서는 여성의 약 46%가 경구용 피임약을 복용하고 4%의 여성은 루프를 사용한다. 그리고 13%는 콘돔을 사용한다. 게다가 피임하는 데 질렸거나 또는 더 확실한 피임을 위해 아예 불임수술을 한 경우도 8.5%나되었다. 이처럼 피임이 일반화되었기 때문에 오히려 아이를 낳으려는 사람은 의식적으로 피임도구를 제거해야 하는 상황이 되었다.

아이를 낳는 일은 특히 젊은 여성들에겐 무척 힘든 결정이다. 하지만 정신없이 빠르게 변하는 현대 사회에서는 오래 망설이면 오히려 당한다고들 한다. 물론 그런 사람들의 말도 일리가 있다. 하지만 20대의 여성이 지금이 아니면 기회가 없을까봐 벌써 아이를 낳을지 말지 고민해야 한단 말인가? 30대 이후의 독일 여성은 끝나가는 생물학적 시계 때문에 두려움이 점점 커진다. 임신 가능한 시간이 얼마 남지 않았다고 생각하면 공포가 그들을 사로잡는다.

하지만 그래도 여전히 임신을 할지 말지 결정하지 못한다. 출산율이 빠른 속도로 줄어들고 있다고 발표한 한 전문잡지의 발표는 자신의 의지와 상관없이 불임이 될지도 모른다는 두려움을 커지게 만든다. 그 잡지는 25세 이상 여성의 불임률이 증가하고 있고 같은 나이의 남성들의 생식 능력도 점점 떨어지고 있다고 밝혔다. 하지만 다른 한편에선 이탈리아 의사 세베리노 안티노리가 1994년 63세 여성이 출산을 하는 데 성공했다는 기사가 신문의 1면을 장식한다. 따라서 비록 지금 결정하지 못했더라도 앞으로는 노년에도 얼마든지 아이를 낳을 수 있게 될지 모른다.

어떤 이들은 언젠가는 아이를 낳을 거라는 사실만으로도 만족한다. 임신을 계속 미루는 경우가 바로 그렇다. 그들은 아이를 낳고 싶다고 하면서도 그 시점을 계속 미룬다. 또는 아이를 낳기엔 이상적인 파트너가 없다고 말한다. 그래서 아이를 원하지만 막상 낳지는 않는 그들을 크리스티네 칼은 '의도적으로 아이를 낳지 않는 여성'으로 분류한다. 이는 옳은 판단인 것 같다. 그들의 '2세 계획'은 생물학적 시계가 모든 것을 불가능하게 만들기 훨씬 전에 이미 포기되었기 때문이다.

그들은 아이를 낳지 않겠다는 의지를 말이 아닌 행동으로 직접 보여주고 있다. 아이가 없는 것에 아무런 불만이 없는 것만 보더라도 아이에 대한 그들의 의지가 2차적이며 강하지 않다는 걸 알 수 있다. 그들 중에 아이 문제로 인한 의구심이나 갈등을 보이는 사람이 극히 드물었고 아이를 낳지 않겠다는 최종적인 결정도 별 아쉬움 없이 받아들였다.

빠른 결정과 늦은 결정

아이를 원하지 않는 여성의 나머지 두 유형은 신체적 한계점에 도달하기 전에 결정을 내린 경우이다. 즉 현재의 파트너를 만나기 전부터 아이를 낳지 않겠다고 결정했거나(빠른 결정) 또는 파트너와 함께 의논해서 결정을 내린 경우(늦은 결정)를 말한다. 이 두 유형의 결정적인 차이는 빠른 결정을 내린 여자의 경우(아이를 원하지 않는 여성의 32%이다) 아이를 낳고 싶다는 마음이 한 번도 든 적이 없었다는 점이다. 반면 늦은 결정을 내린 여자의 경우 처음엔 아이를 원했다가 나중에 마음을 바꾸었다(44%). 따라서 후자가 '때늦은 결정'이라는 편견과는 거리가 멀다. 물론 30대 후반이 되어서야 아이를 가지려고 하다가 임신이 잘 안 되는 경우도 있다. 하지만 그 반대의 경우도 있다. 아이 없이 살기를 원하며 생물학적 한계에 도달하기 전에 최종적인 결정을 내리기도 한다.

■ **질케**

제가 여자라는 걸 의식한 후로 아이를 낳지 않겠다고 결심했어요. 그러니까 제가 사춘기 때였죠. 딱 한 번 가장 친한 친구가 아이를 낳았을 때 제 결정에 대해 고민해본 적이 있어요. 친구의 아기를 보니 너무 기쁘고 감격스러웠거든요. 그래서 스스로에게 다시 한 번 물어봤죠. 하지만 대답은 역시 NO였어요. 그 후로 비슷한 일이 있을 때마다 늘 제 대답은 같았어요. 최근 기억나는 일은 1년 반 전에 제 여동생이 출산을 했을 때에요. 그때 친구들이 제게 그랬어요. "기다려봐, 너도 임산부가 될 날이 머지않았어. 30대부터 시작이라고." 하지만 제 마음은 흔들리지 않아요.

피임에 실패하다

아이를 원하지 않는데도 가끔 임신이 되는 경우가 있다. 그들은 다른 사람들보다 피임에 훨씬 더 신경을 쓰는 편인데도 가끔씩 사고가 발생한다. 설사나 구토 때문에 경구용 피임약이 듣지 않을 때도 있고 콘돔이 찢어지거나 피임기구의 사이즈가 맞지 않은 경우도 있다. 임신테스트기에 나타난 선명한 두 줄이 본인의 희망과는 다를 경우, 그녀는 낙태를 고려하게 된다. 그리고 법적인 문제와 수술, 아이를 원하는 파트너나 손자를 원하는 부모, 그리고 최종적으로 자신의 윤리적인 양심과 싸운다. 아이 없이 살기를 원하는 많은 여성들이 결국 힘들게 낙태를 선택한다. 아이로 인해 자신의 삶이 완전히 바뀔 위기에 처했기 때문이다. 하지만 주위에 신앙인이나 반대하는 지인이 많을 경우 결정을 내리기 어렵다.

■ 마를레네

저는 지금까지 낙태 수술을 세 번 받았어요. 처음 수술을 받은 건 열여덟 살 때였는데 심장이 오그라드는 것 같았어요. 졸업시험을 앞둔 데다가 가톨릭 신자인 부모님이 아시는 날엔 집에서 쫓겨날 것이 분명했거든요. 스물세 살엔 상상임신이었는데 그것도 모르고 수술을 받았어요. 수술을 받고 나서야 사실을 알았어요. 스물여섯 살엔 대학 졸업을 목전에 두고 있었고 사회로 진출할 계획이었기 때문에 아이를 지우기로 결정했어요.

■ 모니

아이를 원하진 않지만 제가 여자라는 사실에 만족하고 임신, 출산, 수유 등 임신과 관련된 것들이 다른 무엇과도 비교할 수 없는 특별한 경험일 거라고 생각해요. 임신과 함께 시작되는 호르몬의 불균형을 저는 이미 세 차례나 경험했어요. 열여섯 살에 처음으로 낙태수술을 받았고 그 후로 스물두 살 그리고 서른일곱 살에도 수술을 받았죠.

　그런데 도덕적 죄책감이나 양심의 가책을 느낀 건 첫 번째 수술뿐이었어요. 그때 전 사춘기였고 학교에 다니고 있었는데 엄마와 제 또래 친구들 대부분에게 그 사실을 숨겼어요. 처음에 찾아갔던 의사는 가톨릭 신자여서 임신은 성스러운 일이라며 절 설득하려고 했어요. 그래도 제가 마음을 바꾸지 않자 수술이 가능한 시기가 지날 때까지 제게 임신 여부를 확실히 알려주지 않고 차일피일 미뤘어요. 당시에 저는 우리 도시에서 유일한 좌파 여성그룹에서 활동하고 있었는데 다행히 그곳 친구들의 도움으로 안전하게 수술을 받을 수 있었죠.

최종 결정

다음의 여성들은 일찍부터 아이를 낳지 않기로 결정했고 피임을 위해 어려운 결정을 내린 경우이다.

■ 카렌

스물여덟 살에 영구불임수술을 받기로 결정했어요. 그런 결정을 내리게 된 건 한 친구의 비아냥거림 때문이었죠. "네 결심이 그렇게 확실하다면 왜 불임수술을 하지 않는 거지?"라는 그 친구의 말이 가슴에 와 꽂혔거든요. 적극적이고 강한 결정을 내리는 성향이 강했던 저는 진짜 그 친구 말대로 불임수술을 해버렸어요.

지금 생각해보면 그때 신중하지 못했던 것 같아요. 정신연령이 어렸던 거죠. 하지만 다행스러운 건 그때의 결정을 한 번도 후회한 적은 없다는 거예요. 예나 지금이나 그 결정에 만족하고 아무런 문제없이 잘 살고 있죠. 하지만 만약 그때로 다시 돌아간다면 같은 결정을 내리게 될지는 잘 모르겠어요. 적어도 그렇게 일찍 수술을 받진 않을 거라고 생각해요.

■ 브리기테

영구불임수술을 받은 건 스물다섯인가 스물일곱 살 때였어요. 그때 가족을 옹호하는 여의사의 주선으로 저와 같은 생각을 하는 젊은 여성들이 함께 모여 토론할 기회가 있었거든요. 그 토론을 통해 우린 조용히 고민할 수 있는 기회를 가졌죠. 자식을 낳는 일에 대한 과거의 제 생각과 현재 생각을 비교해보았고 또 앞으로는 어떻게 바뀔지도 생각했죠. 특히 의사나 친구들 또는 친지들로부터 불임수술 계획에 대한 부정적인 견해를 듣지 않고 조용히 고민해볼 수 있어서 참 좋았어요. 그때 많은 사람들이 불임수술에 대해 "그건 아니야"라고 말했죠. 임신은 여전히 세상에서 가장 자연스러운 여성의 운명이라는 게 이유였어요. 그래서 다른 생각을 품는 사람에겐 엄청난 비난이 쏟아지죠. 아이를 낳을지 말지 쉽게 결정을 내리지 못하는 것도 그 때문인 것 같아요.

어쨌거나 그때 그 그룹에 있던 여섯 명은 모두 불임수술을 받았어요. 그리곤 불임수술을 결정하기까지의 과정과 수술에 대한 경험을 「마를레네에겐 다른 계획이 있다」라는 제목으로 한 잡지에 기고했어요.

아이 없는 여성들이 어영부영하다가 그렇게 된 거라고 생각한다면 큰 오산이다. 그들 대다수는 2세 계획에 대한 문제를 생물학적 시계에 선점당하지 않고 먼저 스스로 결정한다. 소위 빠른 결정자들은 심지어 스물다섯 살이 되기 전에 결정을 내리고 늦은 결정자들은 그들보다 10년쯤 후에 같은 결정을 내리는 것으로 조사되었다.

4 — 네 번째 편견 결손가정 출신이 많다

심리학 동호회에서 아이를 낳지 않겠다고 고백하는 여성은 당장 결손가정에서 자랐다는 의심을 받는다. 자신이 자란 가정환경이 자녀 계획에 영향을 주는 것은 사실이지만 구체적으로 어떻게 영향을 끼치는지는 다양하다. 술주정뱅이 아버지 밑에서 자란 여자는 결혼도 아이도 모두 원하지 않는다고 생각하는 건 섣부른 판단이다. 사실 유년기 경험과 이후의 가치관 사이의 상관관계는 매우 복잡하게 얽혀 있어 간단히 정리하기 힘들다.

물론 부모의 이혼이 자녀를 낳지 않기로 결정한 원인이 되었을 수도 있다. 하지만 부모의 결별이 그 반대의 결과를 가져오는 경우도 많다. 즉 어렸을 때 가정이 와해된 경험을 한 사람들 중에 자신은 반드시 아이를 낳고 행복한 가정을 이루고 살겠다고 결심하는 사람들도 있다는 뜻이다. 이혼가정에서 자란 아이들을 대상으로 실시한 미국의 한 조사에서 유디트 S. 월러스턴은 다음과 같은 결론을 얻었다. "결손가정에서 태어난 자녀들을 오랜 기간 관찰한 결과, 세 명 중 두 명은 아이를 낳지 않기로 결정했다." 하지만 그 수는 줄어들 수 있다. 왜냐하면 나중에라도 생각을 바꿀지도 모르기 때문이다.

부모는 실패했지만 나는 다르다

부모의 결별을 경험한 사람은 자기 자녀를 갖는 것에 대해 일정 부분 제한을 두려는 경향이 있는 건 분명한 것 같다. 조사 대상자들은 대부분 자신이 좋은 부모가 되지 못할까봐 두렵다거나 또는 아이가 부부 사이를 갈라놓을까봐 걱정된다고 말했다. "우리 부모님이 실패한 일을 나라고 잘 해낼 수 있겠어요?"라고 조사자의 약 3분의 2가 대답했다.

하지만 소수이긴 해도 아이를 낳겠다고 한 나머지 3분의 1도 결코 무시할 순 없다. 그들은 분명하게 그리고 반드시 아이를 낳고 싶다고 대답했다. 그 이유로 자신의 과거를 다시 쓰고 싶다는 대답이 압도적이었다. 다시 말해 자기 아이는 자기보다 나은 삶을 살게 해주고 싶다는 것이다. 그리고 자신이 아이였을 때 갖지 못한 것을 자기 아이한테는 모두 주고 싶다고 했다. 자기 아이에게 따뜻한 보금자리와 건강한 가정을 선사함으로써 본인이 어릴 때 누려보지 못한 것들을 간접적으로나마 보상받기를 희망했다.

또 하나의 중요하고도 대개 무의식으로 작용하는 동기는 바로 보답하고 싶은 본능이라고 월러스턴은 말한다. 이건 이혼한 가정의 자녀들에게서만 발견되는 현상은 아니다. 자식들이 자기 부모에게 손자를 자랑스럽게 내보임으로써 자신의 가치관을 보여주고 동시에 대(代)가 계속 이어질 수 있다는 약속을 하는 것이다. 이를 테면 "절 낳

아주셔서 감사합니다. 그에 대한 보답으로 제가 당신의 대를 이을 손
자를 데리고 왔습니다"라고 말이다.

물론 이혼한 가정의 자녀들은 부모에게 무한정 감사하는 마음만
갖고 있지는 않았다. 학자들은 그들 중에서 아이를 원하는 쪽과 원하
지 않는 쪽의 분명한 차이점을 발견했다. 즉 성인이 된 후에도 부모
에게 화가 나 있고 거리감을 느끼는 이들은 아이를 원하지 않았다.
하지만 어느 쪽이건 자녀문제에 대한 태도가 확실한 건 공통적이었
다. 즉 아이를 원하거나 원하지 않았다.

부모로부터 배운 것

부모가 이혼했다고 해서 모두 아이를 원하지 않는 건 아니다. 또 부
부가 함께 산다고 해서 꼭 사이가 좋고 화목한 건 아니다. 겉으론 평
범한 가정처럼 보이지만 여자가 자식을 갖기를 망설이게 만드는 경
우들도 있다.

■ **우테**

우리 부모님은 세 아이를 낳았어요. 그리고 여전히 함께 사시지만 결코
사이좋은 부부라고는 할 순 없어요. 어쨌거나 제가 본받고 싶은 모습은
아니에요, 절대로. 우리 엄마는 늘 아버지한테 의존적이셨어요. 왜냐하

면 일을 하셨지만 혼자 먹고살 수 있을 만한 일은 아니었거든요. 그 시대 대부분의 여자들처럼 우리 엄마도 많이 배우질 못했고 그래서 점원으로 일하셨죠. 그래서 두 분 사이가 나빠졌을 때도 엄마는 이혼할 수가 없었어요. 우리 아버지는 알코올 중독자였어요. 엄만 처음엔 우리 때문에 이혼하지 못했지만 나중엔 혼자 살아갈 자신이 없었던 것 같아요. 우리 아버지는 늘 독재자처럼 군림하셨고 아버지의 말씀이 곧 법이었죠. 저도 아이가 생기면 남자한테 의존하게 될까봐 두려워요. 여자가 경제력을 갖고 있다면 이혼도 훨씬 쉽겠죠.

하지만 자녀계획에 영향을 주는 것이 알코올 중독이나 가정폭력처럼 극단적인 요소만은 아니다. 많은 사람들이 자신이 자란 가족으로부터 전해지는 무언의 메시지를 가슴속에 새기며 그에 따라 자기 삶을 꾸려나간다.

■ 울라

우리 부모님은 아주 전통적인 방식으로 사셨어요. 엄마는 전업주부이셨고 아버지는 일을 하셨어요. 우린 모두 네 자매였죠. 우리 엄만 엄마와 주부로서의 역할에 대체로 만족하며 사셨어요. 하지만 제 생각엔 엄마로부터 '이게 다는 아니다'라는 메시지를 받은 것 같아요.

엄마는 부기를 공부하셨고 결혼 전엔 할아버지를 도와 가게 일을 보섰어요. 결혼 후엔 일을 그만두셨고 다시 직장에 나가지 않았어요. 저도 그런 부분에 영향을 받았어요. 흥미로운 건 제 언니들도 아이를 네 명씩 낳았다는 사실이에요. 엄마의 삶을 그대로 답습하는 셈이지요. 반면 저는 아이가 없고 엄마와는 다른 삶을 살고 있어요. 우리 자매들은 엄마가 가질 수 있는 두 가지 길을 병행하지 못하고 각자 한쪽 길만 걸어가는 것 같아요.

85명의 아이 없는 여성을 대상으로 연구한 결과 크리스티네 칼은 출신 가정이 자녀계획에 큰 영향을 준다는 걸 알았다. 특히 빠른 결정을 내린 경우와 늦게 결정을 내린 경우, 자기 부모나 엄마로부터 받은 교훈이 가족계획에 영향을 준 것으로 추측된다. 빠른 결정자의 경우, 자녀교육에 자신이 없어했고 자기가 겪은 부정적인 경험들을 반복하게 될까봐 걱정했다. 결정을 미루는 경우도 유년 시절 경험과 관련이 있었다. 특히 본인 엄마의 경제적·감정적 종속성을 답습하고 싶어하지 않았다.

2세 문제에 직면한 여성은 대개 자기 엄마의 모습을 떠올린다. 엄마가 아이들과 시간을 보내길 좋아했는가 아니면 사회적 진출을 더 좋아했을 것인가? 집 청소와 세탁 그리고 아이들 돌보는 것에 만족하며 살았는가? 눈에 띄지 않는 가사를 완벽하게 해내는 것에 대해 늘 인정받으며 살았는가, 아니면 모두에게 무시당하는 하녀에 불과

했는가?

아이를 낳을지 말지에 대한 결정은 "자기 엄마의 모습, 그가 살아온 삶, 아니 그보다는 엄마가 살아보지 못한 삶에 대한 생각에 결정적인 영향을 받는다"고 엘리자베스 벡 게른스하임은 말한다. 어떤 이들은 다음과 같은 결론을 내린다. 특히 "우리 엄마처럼 살지 않겠다!"고. 이번 인터뷰 대상자 중 한 사람은 바로 이것이 아이를 낳지 않기로 한 결정적인 이유라고 대답했다.

■ 레기나

제가 아이 없이 살기로 결정한 이유는 엄마처럼 살지 않기 위해서였어요. 엄마는 스무 살에 예기치 않은 임신으로 결혼했지요. 학업을 중단해야 했고 그 후로 네 아이를 낳았어요. 마흔에 전업주부의 길을 벗어나고자 시도했지만 성공하지 못했어요. 이제 거의 일흔이 되어서야 포기하고 아름다운 황혼을 보내려고 노력 중이세요. 우린 모두 1남 3녀인데 아무도 결혼을 원하지 않아요. 다시 말해 우리 눈에 비친 부모님의 삶이 그다지 이상적이지 않았던 거예요. 그건 정말 끔찍한 경험이었어요. 오직 가족과 살림만 돌보면서 사는 삶, 그건 결코 제가 바라는 삶이 아니었어요.

또 한 명의 인터뷰 대상자는 전혀 다른 어머니의 모습을 보고 자랐지만 그녀 역시 자기 어머니처럼 살고 싶진 않다고 했다.

■ 킴

우리 엄마는 자립적이고 자의식이 강한 여성으로 삶을 오로지 가족만
을 위해 바치는 타입이 아니었지요. 엄마는 패션계의 사업주로 왕성한
활동을 하셨어요. 불가능한 것을 가능하게 만들었지만 그만큼 많은 희
생이 뒤따랐어요. 사회생활을 하면서 두 아이를 길러야 했으니 말이에
요. 집에서는 주부역할까지 해야 했어요. 그도 그럴 것이 우리 아빠 역
시 하루 종일 일을 했던 거죠.

우리 엄마는 제게 부정적인 엄마상은 아니었어요. 말하자면 다른 사
람들을 돌보고 챙기는 여유를 갖고 있었는데 문제는 그 속에 우리 가족
은 없다는 점이었어요. 그런 엄마로부터 저는 모든 애정을 오로지 자기
가족에게만 쏟고 다른 사람을 배제해선 안 된다는 것을 배웠어요. 엄마
는 사회성이 강한 분이셨던 것 같아요. 엄마는 제게 끔찍한 엄마의 표
본이 아니라 배우고 싶은 본보기였어요.

다시 말해 아이 없는 여성이 자기 엄마의 전철을 밟지 않겠다고 해
서 꼭 그 엄마의 모습이 부정적이었던 것은 아니다. 또 그들이 반드
시 힘든 가정에서 자란 것만도 아니었다. 내 인터뷰 대상자 중에는
부모를 좋아했고 자주 찾아가는 이들도 꽤 있었다.

■ 스테파니

엄마는 평생 전업주부로 사셨어요. 늘 저와 두 살 어린 남동생 곁에 있어주셨고 많은 걸 함께 해주셨어요. 휴가 땐 늘 야외로 나갔어요. 엄마는 상업계 학교를 졸업해 비서로 일하다가 스물다섯 살에 절 낳으셨어요. 그래서 일을 그만두셨는데 그 후로 다신 직장에 나가지 않았어요. 엄마는 운동신경이 뛰어나서 스포츠 동호회에서도 활동하셨어요. 아버지는 거의 일만 하는 타입이셨지요.

부모님은 여전히 함께 사세요. 지금 제가 사는 곳에서 자동차로 15분 거리에 살고 계시죠. 우리 가족은 거의 일요일마다 부모님을 뵈러 가요. 동생과 올케, 조카들 그리고 저와 남편이 모이면 엄마는 음식을 준비해놓고 모두 둘러앉아 이야기를 나누죠.

전 네덜란드에서 자랐어요. 그곳에선 비전통적인 가족 형태가 드물지 않아요. 그 당시에도 남편 없이 아이를 혼자 키우는 여성들이 많았어요.

아이 없는 여성이 결손 가정에서 자랐을 거라는 주장은 너무 성급한 결론이다. 물론 부모가 이혼한 가정에서 자란 여성의 경우 대개 결혼이나 자녀문제에 조심스러운 편이다. 어떤 사람은 끔찍했던 어린 시절의 경험이 오히려 자극제가 되어 모든 것을 자기 부모보다 더 잘하고 싶다고 하기도 한다. 아이 없는 여성이 결손가정에서 자랐을 거라고 의심하는 사람은 아이에게 맹목적인 사람에게도 같은 의심을 해볼 수 있을 것이다. 그들은 밝힐 수 없는 가족사를 고치기 위해 기필코 아이를 낳으려고 한다.

여성들은 아이 문제에 직면할 때 자기 엄마를 떠올린다. 그리고 많은 이들이 자기 가족으로부터 각인된 메시지에 따른다. 그 결과 아이를 원하기도 하고(아이는 여자의 최고 행복이다!) 아이를 원하지 않기도 한다(결코 남자에게 의존하지 마라!). 아이 없이 살겠다는 소망에는 많은 이유들이 있다. 알려진 것처럼 비극적인 가족사를 되풀이할까 봐 두렵다는 건 많은 이유 중 한 가지에 불과하다.

5 ─ 다섯 번째 편견 아이들을 싫어한다

3년간 오페라 공연을 보러 가지 않았다고 오페라를 싫어하는 사람이라고 할 수 있을까? 자전거를 열심히 탄다고 꼭 자동차 문명에 반대하는 사람인가? 아프리카로 여행 갈 계획이 없다고 아프리카를 혐오하는 사람이라고 할 수 있는가? 이렇게 생각하는 사람은 없을 것이다. 그런데 아이를 낳지 않으려는 여자에 대해서는 이런 논리가 통하는 것 같다.

그들은 정말 심한 억측에 시달리고 있다. 아이들을 못 견딘다든가 심지어 아이들을 아주 싫어한다는 악성 루머들이 쉽게 따라다닌다. 아이를 싫어하는 사람이 과연 자발적으로 아이들을 돌봐주거나 아이스크림을 사주거나 영어를 가르치고 여행에 데리고 갈 수 있을까? 아마 그렇지 않을 것이다. 따라서 아이 없는 여성은 열두 살 미만의 어린아이들과 함께 있거나 돌보기를 못 견딘다는 소문은 근거 없는 말일 뿐이다.

나의 인터뷰 대상자들 중에는 아이들을 보통사람보다 더 좋아하는 사람들도 있다. 하지만 자기 아이를 낳고 싶어하진 않았다. 그들은 조카들의 이모로서 또는 친구 아이들의 아줌마로 만족한다. 그리고 가끔 직장생활을 하는 친구의 젖먹이 아이를 봐주겠다고 먼저 전화하기도 한다.

■ **질케**

아이는 없어도 저는 많은 시간을 아이들과 함께 해요. 가령 아이들이 있는 친구들을 자주 도와주지요. 그래야만 할 것 같은 책임감을 느껴서예요. 또 그 시간이 제겐 삶을 풍요롭게 해주는 시간이지요. 아이들과 함께 시간을 보내는 것이 즐거워요.

가장 좋은 건 1년 반 전에 조카가 생겼다는 사실이에요. 여동생이 아들을 낳았거든요. 정말 너무 귀여워서 어쩔 바를 모르겠어요. 그 아이를 너무 사랑하고 오랫동안 못 보면 보고 싶어 죽을 지경이죠. 그래서 일주일에 한 번은 꼭 보러 가요. 여동생은 시골에 살기 때문에 전 친구의 차를 빌려서 가요. 동생이 외출을 하고 싶어할 때면 조카를 봐주기도 해요. 얼마나 재미있는지 몰라요. 활발한 그 아이는 제 걱정까지도 완전히 잊게 해주죠. 이 축소판 인간의 발달과정을 가까이서 지켜보는 것, 성격이 형성되는 과정과 다른 아이들 사이에서의 행동을 관찰하는 건 정말 흥미로워요. 이모로서 이런 기회를 갖게 된 게 정말 행운이라고 생각해요.

한 10년 전쯤에도 가장 친한 친구의 아기가 자라는 것을 옆에서 지켜본 적이 있어요. 그리고 대학에 다닐 땐 신체장애가 있는 여자의 집에서 아르바이트를 했는데 그녀에게도 갓난아기가 있었어요. 그 아이에게 기저귀를 갈아주고 함께 놀아주었지요. 모든 것이 순조로웠어요. 아이들과 함께 있는 건 무척 즐거워요. 아무리 어린 아기라도 잘못될까 봐 두려운 마음 같은 건 없어요. 아이를 대할 때마다 마음이 아주 편안해져요.

■ 스테파니

한번은 친구가 6주밖에 안 된 아이를 이틀간 제게 맡긴 적이 있어요. 친구는 일을 나가야 했거든요. 거긴 상당히 좋은 직장이었어요. 그런데 하필 아이가 배앓이를 하지 뭐예요. 그래도 잘못되면 어쩌나 하고 걱정되진 않았어요. 제 생각에 그건 본능인 것 같아요. 아기가 배가 아파서 울면 배를 쓸어주거나 눌러줘야 한다는 걸 아는 것 말이에요. 자신에게 도움이 될 것 같은 것, 이랬으면 좋겠다고 생각하는 걸 아기에게도 해주면 되는 거죠. 그건 별로 어렵지 않았어요. 그저 조금 힘들 뿐이었죠. 그때 아기는 먹은 지 정확히 한 시간 후면 아파했어요. 그때 저는 긴 복도가 달린 집에 살았는데 아기가 울 때마다 등에 업고 복도를 걸어다녔어요. 그게 벌써 4년 전 일이에요.

저는 늘 아이들과 보낼 기회가 많고 남편도 마찬가지이지요. 조카들과 그리고 친한 친구의 세 아들과 함께 성당에도 가고 극장에 〈해리포터〉를 보러 가기도 했어요. 가끔은 아이들이 우리 집에 놀러오기도 한답니다. 그러면 우린 너무 좋아서 그 아이들과 함께 놀아주지요. 그리고 정기적으로 한 친구의 아기를 돌봐주는데, 함께 놀이터에 자주 나가요.

그 밖에도 정기적으로 아이들과 시간을 보낼 기회가 있어요. 일주일에 20시간 정도요. 그리고 가끔 휴가도 아이들과 함께 떠나요. 특히 스키를 타러 갈 땐 정말 신나요. 며칠 후면 두 살과 네 살짜리 여자아이들과 함께 일주일간 보트를 타러 떠날 계획이에요. 그 아이들이 과연 어떤 반응을 보일지 정말 기대돼요.

우리는 몇 년 전부터 한 살에서 다섯 살 사이의 어린아이들과 함께 보트를 타왔는데 정말 재미있어요. 재미있는 건 오히려 부모들이 보트를 너무 무서워해서 아이들이 지루해한다는 거예요. 그리고 대개는 여섯 시간이 지나도 아이들은 지칠 줄 모르고 더 타고 싶어해요. 아이들은 배 안에 있는 다양한 물건들을 신기해하지요. 매듭도 만들어보고 모든 것을 구경해요. 그보다 더 아이들을 집중시킬 수 있는 건 없는 것 같아요. 그리고 아이들은 모두 배 안에서 잘 자요. 저도 그렇고요.

또 어떤 이들은 베이비시터로 첫 용돈을 벌었던 경험이 있었고 그 일이 좋았다고 했다.

■ 산드라

저의 첫 직업은 베이비시터였어요. 열네 살 때였지요. 그 일을 열일곱 살까지 했어요. 아이는 네 살이었는데 아주 영리했어요. 그 아이를 데리고 다니는 건 즐거웠어요. 졸업시험 후엔 프랑스에서 1년간 가사도우미를 하면서 여덟 살짜리 아이를 돌봤어요. 그렇다고 제가 엄마가 된 느낌은 아니었어요. 저는 아이 때 인형을 갖고 논 적이 없거든요.

아이들과 시간을 보낼 때 저는 늘 아이들에게 규칙을 정하거나 한계를 규정짓지 않으려고 노력했어요. 아이들에게 엄마로서가 아니라 친구로 대했고 사고가 생기지 않도록 유의하면서도 창의성을 길러주려고 했어요. 특히 프랑스에서 그 아이와 함께 보낼 때 기억나는 오후가 있어요. 함께 물웅덩이로 뛰어들었는데 마치 저도 어린 시절로 돌아간 느낌이었어요. 저는 아이들이 작은 무정부주의자 같은 점이 맘에 들어요. 아이들에겐 사회적인 터부가 없죠. 그런 걸 아예 모르니까요.

이처럼 자기 아이를 갖지 않는다고 해서 반드시 아이들을 싫어하는 건 아니다. 오히려 아이들과 시간을 함께 보내는 것이 즐겁다고 대답한 사람들이 많았다. 부모가 자식으로부터 느끼는 기쁨과 보람을 그들도 똑같이 느꼈다. 아이들의 발달과정을 지켜보고 즐기며 그들과 함께 뒹굴고 자신도 어린아이가 된 듯 느끼고 또 아이들의 끝없는 호기심에 감탄한다. 하지만 그렇게 아이들을 좋아하면서도 몇 시간 후엔 다시 부모에게 돌려보낼 수 있어서 기쁘다고 했다.

휴가 때면 늘 아이들을 데리고 간다는 스테파니의 이야기를 다시 한번 들어보자.

전 한번도 제 아이를 가져볼까 하고 심각하게 고민한 적이 없었어요. 가족이나 아이들과 함께 사는 건 제가 바라던 저의 미래상이 아니었어요. 저는 늘 아이 없는 자유로운 삶을 그려왔어요. 전 아이들을 좋아하지만 그렇다고 엄마가 되고 싶진 않아요.

6 – 여섯 번째 편견 모두 레즈비언이거나 성공에 미쳤다

자기 아이를 갖지 않겠다는 여자라도 아이들을 그저 좋아할 뿐만 아니라 실제로 돌봐주기도 한다. 그리고 대개 스스로를 자상한 편이라고 평가했다. 하지만 보통의 사회적 편견은 그런 여자들은 다른 사람의 행복에 무관심하고 오직 자기밖에 모른다고 몰아붙인다. 엄마가 되기를 거부하는 여자는 한마디로, 고전적인 여성적 특성으로 간주되는 여성성이 부족하다는 평가를 받는다. 소위 '가장 중요한 여성성'이 결핍되어 있다는 것이다. 한 걸음 더 나아가서 이기적이라든지 또는 성공에 눈이 먼 '여장 남자'라는 비난을 듣는다. 심지어 남자에게 별로 관심이 없으면 레즈비언이라는 오해까지 받곤 한다.

다시 요약하자면 아이를 원하지 않는 여성은 원만하지 못하고 누구나 원하는 여성이 되기 위한 어떤 자질이 부족하다는 것이다. 하지만 이건 근거 없는 오해다. 나의 인터뷰 대상자들은 자신을 전혀 다르게 평가했다. 즉 자신들은 '온전한 여자'라고 했다.

■ 질케

저는 아주 여성적이라고 생각하고 주위에서도 다들 그렇게 말해요. 물론 우리 사회에서 여성들이 안고 있는 불리한 점들을 잘 알고 있지만 그래도 전 제가 여자라는 게 좋아요. 화장하는 것도 좋고 예쁜 옷을 입을 수 있는 것도 그렇고요.

하지만 다른 한편으로 전 아주 자립심이 강하고 분명하고도 논리적으로 사고하는, 다시 말해 소위 '남성적인 특성'에 해당하는 면도 갖고 있어요. 그리고 남자와 사이가 나빠지면 먼저 헤어지자고 말할 수도 있어요. 여자들은 보통 그렇게 못한다고들 하는데 말이죠.

엄마가 된다고 해서 제 자신이 덜 여성적으로 느껴지진 않을 거예요. 하지만 지금과는 분명 다른 모습이겠죠. 아무래도 의존적이 될 테니까 말이에요. 저는 지금의 제 모습에 만족하고 그것이 제게 잘 어울리는 것 같아요.

자녀 계획이 없는 여성들은 자립성을 중요하게 생각하며 고전적인 역할분배를 거부한다. 그래서 가끔은 주위에서 재수 없다, 밥맛이다는 혹독한 비난을 듣기도 한다. '관습에 의문을 제기하고 확고한 자기 생각을 갖는 것'이 그들에겐 일반적이라고 크리스티네 칼은 평가했다. "그들은 관습에 순응하지 않는 것, 주류에 역행하는 것 그리고 자신의 정체성을 지켜나가는 것에 자부심을 느낀다"고 한다. 그렇다고 해서 그들이 사회적 책임을 지지 않으려 한다거나 다른 사람을 전혀 배려하지 않는다는 뜻은 아니다. 다만 타인을 배려하는 마음을 자기 가족에게 한정시키지 않으려는 것뿐이다.

■ 킴

제게도 전형적인 여자다운 면이 있어요. 바로 요리하는 걸 무척 좋아하는 점이죠. 게다가 한번 하면 아주 많은 양을 해요. 제겐 늘 다른 사람을 보살피고자 하는 본능이 있나봐요. 그런 점에서 전형적인 여자인 거죠. 사람이건 동물이건 굶는 모습을 보면 당장이라도 달려가서 먹을 걸 주고 돌봐주고 싶어요. 그런 점에선 전 우리 엄마를 꼭 닮았어요. 그래서 전 사람들을 식사에 초대하는 걸 몹시 좋아한답니다. 그리고 끊임없이 더 먹으라고 볶아대죠. 전형적인 엄마의 모습처럼 저도 그런 성향이 너무 강해서 주위 사람들이 성가시게 생각할 정도예요.

성공에 눈이 멀었다는 소문

다른 사람을 돌보길 좋아하면서도 자기 아이를 원하지 않는 여자는 분명 성공에 눈이 멀었을 거라고 사람들은 생각한다. 사회적 성취와 명예에 대한 집착이 너무 강해서 오로지 성공에 목숨을 건다는 것이다. 비슷한 성향을 가진 남자들은 높이 칭송받는 반면, 여성들은 안티가족주의자이며 차갑고 이기적이라는 악평을 받는다. 남자는 일과 성공을 최우선시 여겨도 건전한 명예욕과 가족에 대한 책임감이 강하다는 찬사를 받지만 같은 성향의 여자는 자기밖에 모르는 괴물 취급을 받는다.

여자가 직장 일에 적극적이고 높은 지위에 오르기 위해 노력하고, 그러기 위해 설사 가정 꾸리길 포기한다고 해서 뭐가 잘못이라는 건가? 아직도 존경받는 높은 자리에는 여성의 비율이 극히 낮다. "경제 분야이건 학술 분야이건 이런 현상은 모두 같다"고 교육부 장관인 에

델가르트는 털어놓는다.

"우리나라에서 톱매니저 중 여성은 6%에 불과하다. 그리고 영구직 교수 중 여성은 10%이며, 연구기관의 소장직에 있는 여성은 5%이다." 한창 열심히 일해야 할 시기에 아이를 키우느라 장기간을 쉬어야 하는 현실에서 과연 여성이 절대적으로 앞서 있는 남성을 따라잡을 수 있을까? 하지만 여성이 같은 시간과 에너지를 육아 대신 직업에 쏟아붓는다면 금세 역전할 수 있을 것이다. 그런데 육아가 전적으로 엄마의 몫인 이상 아기는 사회적인 남녀평등을 저해하는 요소가 될 수밖에 없다.

자립성에 대한 보장으로서의 수입

직장을 그만두면 잃는 것은 승진의 기회뿐만이 아니다. 경제적인 자립성도 포기하는 것이다. 보부아르도 여성의 평등은 스스로 번 돈에 의해 쟁취된다고 주장했다. 비록 50년 전과 비교하면 많은 여성들이 스스로 돈을 벌고 있지만 여전히 남자들에 비하면 적은 대우를 받고 있다. 같은 직장, 같은 직급에서 남자와 여자의 봉급 차이는 25%나 난다. 노동직의 경우 남녀 차이는 더욱 크다. 함부르크 시가 2003년 3월 통계청의 기관지에 발표한 내용에 따르면 여성노동자의 주급은 463유로로, 같은 일을 하는 남자의 73%에 그친다.

여자가 직장에 전념하면서 성공을 거두고 많은 돈을 버는 것이 도덕적으로 옳은지 그른지를 떠나서 어쨌거나 수입은 자립성을 보장하는 첫 번째 요소이다. 그리고 여자가 스스로 돈을 번다는 것은 자기 규정성과 자율성을 갖고 있음을 뜻한다. 아이 없이 살고자 하는 많은 여성들이 엄마들의 전형적인 상황을 지적한다. 즉 아주 작은 소망 하나에도 남편과 그의 수입에 의존해야 하는 상황 말이다.

아이 없는 여성은 자신이 버는 수입을 많은 사람들이 중요하게 생각하는 자립성의 징표로 생각한다. 그들이 '스스로 돈을 버는 것'을 아이를 낳지 않는 이유로 제시할 때 대개는 자율성을 보장받기 위해서이지 '늘어가는 지출을 메우기 위해서'가 아니다. 엘리자베스 벡 게른스하임도 여성들이 아이 문제를 두고 '아이'냐 '소비'냐로 양자택일을 하는 경우는 드물다고 말한다. 즉 경제적인 요소는 자녀계획에서 부차적이다.

자립적이고자 하는 의지 그리고 직업을 삶의 중요한 요소로 생각하는 것, 이것이 빠른 결정을 한 이들이 아이를 낳지 않으려는 결정적인 동기라고 크리스티네 칼은 밝혔다. 다시 말해 사회에서의 특별한 성공이나 야망을 바라서가 아니라 자립성 자체가 중요하기 때문인 것이다. 내 인터뷰 대상자 중에도 직접적으로 일 때문에 아이를 낳지 않겠다는 사람은 한 명뿐이었다.

■ 우테

제 직업의 특성상 육아를 병행한다는 건 거의 불가능해요. 아이를 키우면서 반나절만 일하느니 차라리 안 하는 게 낫죠. 겨우 네 시간 일하기 위해 매일 50킬로미터씩 달려갈 순 없지 않겠어요? 아이를 낳는다면 다시 개인병원에서 조무사로 일할 수밖에 없는데, 그건 정말 싫거든요.

다시 말해 많은 여성들에게 직업은 아이를 낳지 않는 이유에서 유일하거나 또는 결정적인 이유는 아니다. 크리스티네 칼의 연구 결과, 늦은 결정을 내린 사람들의 경우 특히 아이를 낳지 않으려는 이유가 다양했다. 직업적인 이유 외에도 자아실현이나 더 강화된 애정관계 또는 의존적이 될까 두려워서 등의 이유를 꼽았다. 그리고 아이 낳기를 막연히 미루는 여성들은 마땅한 아이의 아빠를 찾지 못해서라고 대답했다.

이것은 나의 인터뷰 결과와도 거의 일치했다. 그들 대부분이 직업은 여러 가지 이유 중 하나에 불과하다고 대답했다. 심지어 직업이 자녀계획과 전혀 충돌하지 않는다는 이들도 많았다.

■ 마이케

전 일주일에 서른 시간씩 보육교사로 일하고 있어요. 오래된 남자친구와 60킬로미터 떨어진 곳에서 살고 있고요.

현재 저의 생활패턴으로는 아이를 낳아 키우는 건 불가능해요. 저는 3교대로 근무하고 있고 두 도시를 왔다갔다하는데다 밤에는 공연을 보러 나가길 좋아하거든요.

■ **울라**

저의 직업적 진로는 아이 문제에 아무런 영향을 주지 않았어요. 만에 하나 영향을 주었다면 아마 무의식적인 부분일 거예요. 물론 전 언제나 일을 갖고 싶어했어요. 하지만 아이가 있어도 얼마든지 일을 할 수는 있어요. 특히 제가 일하는 분야에서는요. 물론 아이가 있다면 현재 제가 직장에서 차지하고 있는 지위나 일의 양을 감당할 순 없을 거예요. 하지만 성공에 대한 욕심 때문에 아이를 낳지 않으려는 건 아니에요. 지금처럼 집중적으로 일에 몰두하진 못해도 소화해낼 수 있는 능력은 되거든요.

■ **산드라**

저를 긴장하게 만드는 일이 제겐 중요하고 또 그 일에서 제가 잘하고 있는지 늘 확인받고 싶어요. 하지만 그렇다고 제가 흔히 사람들이 생각하는 것처럼 매스컴에 항상 등장하는 전형적인 커리어우먼 스타일(일주일에 60시간씩 일하고 돈도 많이 버는)은 아니에요. 저는 일에 그렇게까지 큰 비중을 두는 스타일은 아니에요.

저는 반나절만 일하기 때문에 자유시간이 많죠. 그래서 책도 읽고 산책도 하고 친구들도 만날 수 있어요. 제게는 자유와 여가시간, 그리고 직업적 성취 간의 균형이 무척 중요해요. 그걸 위해서라면 돈은 적게 벌어도 큰 상관없어요. 그리고 아이가 생겨도 지금 정도의 일은 얼마든지 해낼 수 있을 것 같아요.

아이 없는 여성은 오로지 성공에 집착하고 개인적인 사치를 누리기 위해 많은 돈을 벌려고 한다는 편견은 잘못이다. 물론 부부 둘 다 돈을 벌면서 아이를 낳지 않고 여유 있는 삶을 즐기는 소위 딩크족(double income no kids)이라고 불리는 계층도 있다. 비싼 호텔에 묵고 최신 유행의 좋은 옷만 입고 최고급 식당에서 식사를 하는 사람들 말이다. 하지만 아이 없는 커플들 모두가 그렇게 사는 건 아니다.

계층을 막론하고 아이를 원하지 않는 여성들은 존재한다
직업이 없는 여성, 반나절만 일하는 여성, 풀타임이지만 벌이가 많지 않은 여성들 중에도 아이를 원하지 않는 경우는 있다. 연구에 따르면 자녀계획이 없는 여성들 대부분이 사회적으로 크게 두 계층에 속한다고 한다. 즉 전문직의 고수입을 버는 여성과 저수입의 전일 근무직 여성이다.

내 인터뷰 대상자들 중 한 명을 제외하곤 모두 직장이 있었고, 그중 두 명은 자기 회사를 가진 경영인이다. 월수입도 직업에 따라 현격한 차이를 보였다. 세 명은 1,000유로 이하를 벌었고 세 명은 2,000유로 이상을 벌었으며 나머지는 그 사이였다. 아이가 있는 부모와 마찬가지로 그들 역시 다양한 계층의 사람들이었다. 물론 학벌이 높을수록 아이를 낳지 않는 비율이 높긴 하지만 독일에서 대학 졸업장이 고수입의 직장을 보장하지 못한 지는 이미 오래이다.

성공 계획뿐만 아니라 열악한 취업 상황도 아이를 낳지 않는 이유가 될 수 있다. 엄마가 되지 않으려는 동기는 특히 대학졸업자 중 직업이 없는 여성들에게서 찾을 수 있었다. 적당한 일자리가 없기 때문에 그들은 출산계획을 한켠으로 미뤄두고 있었다. 벡 게른스하임은 출산 휴직 이후 일자리를 찾는다는 건 '실질적으로 불가능하다는 것'과 그러다 보면 '결코 혼자 자립할 수 없을 거라는' 젊은 여성들의 두려움은 당연해 보인다고 말한다.

출산 여부는 성적 성향과 무관하다

자신을 내세우는 여성, 스스로 돈을 버는 것이 중요하고 그 외 다른 점에서도 남자에게 뒤지지 않으려는 여성은 혹시 레즈비언이 아닐까라는 오해를 받는다. 하지만 여성의 성적 성향은 출산 계획과 아무런 관계가 없다. 동성연애자라도 아이를 원하는 사람들이 있는 것처럼 그 반대의 경우도 얼마든지 성립할 수 있다.

아이를 원하지 않는 여성은 동성연애자일 거라는 추측 뒤에는 은근한 바람이 숨어 있다. 즉 그들이 아이를 원하지 않는 게 특이한 성적 성향 때문이기를 바라는 마음 말이다. 하지만 동성연애자라도 원한다면 얼마든지 입양과 정자 기증을 통해 부모가 될 수 있다는 점에서 그들의 추측은 틀렸다. 반면 이성연애자도 성생활은 하되 아이를 원하지 않을 자유는 있다.

7 ─ 일곱 번째 편견 노후가 두렵다

앞으로는 연금이 안전한 노후대책이 되지 못한다. 젊은 세대가 노인들의 생계를 위해 봉급의 일정액을 지불한다는 세대 간의 계약이 흔들리고 있기 때문이다. 이미 지금도 텅 빈 연금창구를 환경세 같은 다른 국고가 메우고 있는 실정이다. 그런데 이런 현상이 모두 아이를 낳지 않는 사람들 때문이라고 말하는 이들이 있다. 대표적인 인물이 바로 기민연합의 당수 앙겔라 메르켈이다. 2003년 봄 그녀는 자식이 없는 사람들에겐 연금을 절반만 지불하자는 발언으로 언론을 떠들썩하게 했다.

그건 진정한 해결책이 아니다

만약 이것이 법안으로 통과된다면 우리 사회는 어떻게 되겠는가. 무엇보다 가장 큰 타격을 받는 건 자식을 갖고 싶어도 못 갖는 사람들이다. 그들은 자신이 신체적, 생물학적으로 불임임을 증명하기 위해 갖가지 검사를 받아야 할 것이다. 그리고 아이가 자신의 인생 목표에 맞지 않는다고 생각하는 사람들은 순전히 경제적인 이유에서 어거지로 소위 '연금 아이'를 낳게 될지도 모른다.

이렇게 태어난 아이들이 과연 온 가족의 기쁨이자 사랑의 대상이 될 수 있을까. 어쩌면 필요에 의해 태어났기 때문에 조건 없는 부모의 사랑은 기대하기 어려울지도 모른다. 반면 그래도 아이를 낳지 않으려면 돈이 많아야 할 것이다. 그렇지 않으면 65세에 스스로 생을 마감할 수밖에 없으니까 말이다. 또 연금 액수가 자녀 수에 따라 결정되기 때문에 다자녀 출산자는 그만큼 유리해진다. 물론 자녀가 생활보호대상자로 밝혀지거나 외국으로 이민을 갔거나 또는 장애 때문에 경제활동이 불가능한 경우는 제외된다.

이와 같은 예상 가능한 부작용은 메르켈의 제안이 실용화될 수 없음을 잘 보여준다. 따라서 텅 빈 연금창구를 아이 없는 사람들의 탓으로 돌리는 대신 달라진 시대에 맞는 새로운 시스템을 개발하도록 노력해야 한다.

지금의 연금 시스템은 시대에 맞지 않다

현재 근로자들이 현재의 연금수령자들에게 연금을 지불함으로써 훗날 연금 수령에 대한 권리를 보장받는다는 연금 시스템의 기본 원리는 1957년 아데나우어 시절에 정립되었다. 하지만 이 방식은 시대에 맞지 않는다. 아데나우어는 아마 누구나 아이를 낳는 것이 당연하다고 생각했을 것이다. 하지만 그 연금제도는 지금과는 전혀 다른 조건하에서 탄생했다. 즉 그 시절엔 사람들이 지금보다 훨씬 더 일찍 직업전선에 뛰어들었고 평균 수명도 짧았다. 하지만 지금은 어떤가. 실업자가 거의 4백만 명에 육박하고 출산율은 갈수록 떨어지고 게다가 평균 수명은 4년이나 늘어났다. 또 청년들의 교육 기간이 늘어나면서 사회에 첫발을 들여놓는 나이는 늦춰진 반면 퇴직은 더 빨라졌다.

점점 늘어나는 평균 수명, 길어진 연금생활

고령화된 사회, 독일은 연금자들의 공화국으로 변해가고 있다. 점점 더 줄어드는 청년들이 점점 더 늘어나는 노인들을 먹여 살려야 한다. 그 원인은 비단 출산율의 저하에만 있는 것이 아니다. 여기에는 길어진 연금생활이 톡톡히 한몫을 한다. 1960년에 근로자가 평균 64.7세로 퇴직한 반면, 2002년에는 62.4세에 직장을 떠난 것으로 조사되었다. 일찍 연금생활에 들어간 사람은 그만큼 연금을 적게 지불하는 반면, 더 많이 받게 된다. 왜냐하면 연금수령에 대한 권리는 '죽을 때까지'이기 때문이다. 현재 공식적인 연금 수령 연령은 65세이지만 많은 이들이 그 전에 경제적인 손실을 감수하고 직장을 떠난다.

또 사람들은 일찍 생활전선에서 물러날 뿐만 아니라 그 후로도 오랫동안 건강하게 산다. 개인으로 봐선 무척 좋은 일이지만 연금공단으로 봐선 큰 부담이 아닐 수 없다. 또 나이가 들어 병이 들어도 의학기술이 발달해 생존할 가능성이 아주 높아졌다. 선진국일수록 예방책과 치료법이 점점 더 발달하고 있기 때문에 수명이 늘어난다. 독일 연방 통계청에 따르면 현재 남자 신생아의 경우 예상되는 평균수명이 74.4세이며 여아의 경우 80.6세라고 한다. 1996년 8월만 해도 독일의 평균수명은 남아 74세, 여아 80.3세였지만 꾸준히 늘어나고 있는 것이다.

이런 모든 요소들이 연금공단 전체에 영향을 준다. 그러므로 아이를 낳지 않는 사람들에게만 모든 책임을 전가할 수는 없다. 더욱이 부모가 되었을 때 다른 제반 조건들이 너무 열악해서 차라리 아이를 포기하게 되는 현 상황에서 그들에게만 책임을 묻는다는 건 말도 안 된다. 그뿐만이 아니다. 1999년 여성 한 명당 출산율이 1.41명으로 저조했던 이유는 여성들이 출산을 하긴 하되 한 명으로 제한하고자 했기 때문이다. 다시 강조하지만 출산율이 점점 더 떨어지고, 일하는 기간은 짧아지며, 수명이 길어지면서 우리 사회는 고령화될 수밖에 없다. 이런 현상은 비단 독일에만 국한되는 것이 아니다. 인근의 다른 유럽 국가들도 우리보다 출산율이 높긴 하지만 대부분 비슷한 문제를 안고 있다.

노동시장의 포화

더 많은 근로자들이 연금을 낸다면 연금창구의 사정은 나아질 것이다. 하지만 설사 청년 수가 더 증가한다 할지라도 이미 지금도 수많은 청년들이 직장을 구하지 못하고 있으며 학생들은 인턴의 기회조차 쉽게 얻지 못하는 실정이다. "기업의 70%가 인턴 제도를 실시하지 않고 있기 때문에 십만 명 이상의 졸업자들이 직업교육조차 받지 못하고 있다"고 〈라이니쉐 메르퀴어〉의 2003년 5월 15일자 온라인 기사는 밝히고 있다.

현재 독일 노동시장은 포화 상태이고 기업의 인사담당자들은 점점 더 까다로워진다. 50세 이상인 사람의 입사지원서는 아예 읽히지도 않고 곧장 휴지통으로 들어간다. 그들에겐 젊은 패기가 없을 뿐 아니라 사고도 유연하지 못할 거라고 미리 추측해버리기 때문이다. 반면 사회 경험이 전혀 없거나 교육 수준이 형편없어서도 고려 대상에서 제외된다. 그들은 젊고 경험도 많고 우수한 교육을 받은 인재만을 찾는다. 기업이 스스로 인재를 양성하는 데 드는 비용은 절약하겠다는 것이다.

특정 분야에서 나타나는 노동력의 부족은 외국 이민자들이 해결해 줄 수 있다. 프라이부르크 출신의 정치학자인 디터 오베른되르퍼는 2003년 초 〈쥐트도이체 차이퉁〉에서 "이민자 수가 수년 전부터 우리의 현 실정에서 필요한 것보다 훨씬 적다"라고 말했다. 하지만 독일에는 지금까지 특별한 이민법이 없다. 기민당이나 기사당의 정치가들이 정부의 정책 입안을 저지하고 있기 때문이다. 이 보수적 정치가들은 외국인 적대감정과 이민자 제한을 부추기는 장본인들이다.

"외국 노동자는 이제 그만!"이라는 슬로건으로 그들은 국민들에게 외국 노동자들이 사회 번영에 이바지하는 것이 아니라 국고만 축내고 있다는 잘못된 인식을 심어주고 있다. 또 독일의 고령화 현상에는 독일 청년들이 외국으로 나가는 데도 원인이 있다. 60만 명 이상이 매년 독일을 떠나고 있다. 그들 대부분이 여생을 마오카 섬에서 편히 보내고자 하는 노인들이 아니라 18~40세 사이의 청장년들이다.

독신자들이 기혼자보다 연금을 더 많이 낸다

아이 없는 사람들은 훗날 자신이 받게 될 연금에 비해 너무 적게 기여한다는 비난이 정당하지 않은 이유가 또 있다. 일을 하는 독신들의 경우 평균 수입을 버는 일반 가족보다 훨씬 더 많은 연금을 낸다. 전일제로 근무하는 아이 없는 사람은 사회보장 시스템에 많은 돈을 내며 게다가 각종 국가보조금에도 일조를 하고 있다.

하지만 그로부터 혜택을 받는 것은 부모들뿐이다. 엄마보호비, 교육비 그리고 무상 의료보험까지. 게다가 많은 가족들이 한 사람은(대개 남자가) 일을 해서 연금을 지불하고 다른 한 사람은(대개 여자) 집에서 가사와 아이를 돌본다. 다시 말해 둘 중 한 사람만 연금을 내는 것이다. 반나절만 일하는 엄마의 경우 훨씬 적은 금액을 낸다. 게다가 신종 미니 직종에 종사하고 있다면 연금대상자에서 제외된다. 많은 엄마들이 수년간 휴직을 하며 가끔은 영영 전일제 근무지로 돌아오지 않기 때문에 연금공단에 대한 기여도는 아이 없는 여자보다 훨씬 적다.

연금공단의 잔고가 텅 빈 데는 여러 가지 이유가 있으며 기존의 연금제도는 시대에 맞지 않다. 그중 낮은 출산율은 한 가지 원인에 불가하다. 한참 일해야 할 독일 청장년층이 외국으로 빠져나가는 반면 외국인의 이민은 까다롭고, 많은 사람들이 실업 상태인 데다가 수명은 길어지고 퇴직도 점점 더 빨라진다. 그래서 기존 세대 간의 약속은 지켜질 수 없는 것이다. 따라서 새로운 노후보장제도 도입이 시급한 문제다.

8 — 여덟 번째 편견 **자기밖에 모르는 이기주의자다**

여자는 엄마가 되면 삶 자체가 완전히 바뀌고 새로운 삶을 위해 자신의 욕구는 접어야만 한다. 하지만 아이를 원하지 않는 사람은 그럴 필요가 없다. 아이 없는 여성들은 자기 규정성을 포기할 필요도 성공 가도에서 멈출 필요도 없으며, 아이를 위해 여가생활을 포기할 필요도 없다는 이유로 이기주의자 취급을 받는다.

반면 엄마들은 전혀 다른 평가와 시선을 받는다. 오로지 자식과 가족 그리고 모든 다른 사람들의 행복만을 위하는 이타적인 사람으로 말이다. 하지만 현실은 다르다. 여성들은 대개 이기적인 동기에서 엄마가 된다. 반면 아이 없는 여성들은 자기 자신뿐만 아니라 다른 사람들의 관심사도 보살피는 경우가 많다.

아이 없는 여성들이 사회적·정치적 일에 앞장선다

아이를 원하지 않는 여성은 다른 사람들의 운명과 지구의 미래에 대해서까지 관심을 기울이는 경우가 많다. 나의 인터뷰 대상자들 중에도 사회적 분야에서 일하거나 환경운동에 관여하고 있는 사람들이 많았다. 그들은 다양한 사회적 분야에서 자발적으로 일함으로써 다른 사람의 행복에도 책임감을 느끼고 있음을 보여주었다.

■ 우테

저는 노사협의회에서 일하고 있어요. 동료들의 안녕이 제게도 중요하기 때문이지요. 제가 그 일을 하는 이유는 동료들을 지지하기 위해서입니다. 가령 어떤 일이 자기 이익과 불리하게 진행되어도 아무 말도 못하는 약자들을 위해 말이죠. 우리 회사엔 여성 비율이 겨우 6%에 불과합니다. 제가 들어오기 전에는 열한 명의 협의회 회원 중 여자가 한 사람도 없었어요. 하지만 전 5년 전부터 벌써 두 번째 임기를 맞고 있어요.

전 노조에도 가입되어 있지만 그다지 적극적이진 않아요. 그리고 또 보수 없이 다양한 중독환자들을 돕는 일도 하고 있어요. 그곳에서 저는 마약이나 술, 약물중독인 동료들을 상담해줍니다. 그래서 전체적으로 근무시간이 오버타임일 때가 많아요. 게다가 다른 명예직 근무에도 일주일에 다섯 시간 정도는 할애하고 있어요.

■ 스테파니

저는 무상으로 아이들에게 보트를 가르치고 있어요. 그냥 그 일이 좋아서 하는 거예요. 일주일 중 하루 정도 저녁에 보트하우스에서 수업을 하죠. 물론 보트를 탈 수 있는 여름철에만요. 그 일을 한 게 벌써 5년이 넘었어요. 저도 그렇게 보트를 배웠어요. 돈이 없어서 보트를 탈 수 없었던 사람들에게 보트의 즐거움을 누릴 수 있게 도울 수 있어 좋았어요.

■ 바바라

저는 사회봉사를 위한 특정한 단체에 가입하지는 않았어요. 하지만 저는 환경과 주변 사람들에 대해 관심이 많고 사회성이 뛰어난 사람이에요. 그리고 도움이 필요한 이웃에도 마찬가지이지요. 저의 원칙은 모든 사람이 자기 이웃과 주변을 돌본다면 우리나라는 살기 좋은 국가가 되리라는 것입니다. 가령 거리에 나가면 도움이 필요한 사람들이 많이 있잖아요. 전 그들을 어떻게든 도와주고 싶어요.

또 제가 살고 있는 건물에 혼자 사시는 노인들이 있는데 그분들도 필요할 때마다 도와드려요. 아프면 장을 대신 봐주기도 하고 의사도 불러주기도 합니다.

아이 없는 여성들은 최대한 다른 사람들 덕으로 편안하게 잘 살아보겠다는 이기주의자들이 아니다. 그들 중에는 국가 정책에도 관심을 기울이며 약자를 위해 나설 준비가 되어 있는 사람들이 많다.

또 그들은 자기 후손이 없어도 지구의 미래에 대해 무관심하지 않다.

■ 마를레네

저는 특정한 정치조직에 속해 있진 않지만 시민정신이 투철한 편이에요. 가령 거리에서 여자나 외국인이 괴롭힘을 당하는 장면을 목격하면 결코 그냥 지나치지 않아요.

■ 마이케

저는 10년 전부터 시각장애와 정신장애가 있는 청소년들을 위해 일하고 있어요. 사회봉사활동을 하고 있는 것이지요. 그 밖에 아주 평범하고 사소한 일에도 사회봉사정신이 강해요. 가령 할머니께 자리를 양보한다든가, 계단을 이용해 유모차를 옮기는 젊은 엄마들을 도와주죠.

저는 제가 이 세상과 제 주변의 작은 일들에 영향을 줄 수 있었으면 해요. 누군가가 절 필요로 할 때 그의 이야기에 귀기울여주고 곁에 있어주는 건 작지만 큰 힘이 될 수 있잖아요. 또 제가 옳다고 생각하는 것을 말하고 직접 실천하는 것도 중요하다고 생각합니다. 예를 들어 저는 동물보호자로서 가축의 집단사육과 이동에 반대하는 운동에 동참하기도 합니다. 곡류를 재배할 수 있는 공간이 많으면 더 많은 사람들이 배불리 먹을 수 있어서 고기를 먹지 않아요. 이 세상이 50년쯤 후엔 평화롭고 친환경적이며 다양해졌으면 좋겠어요.

반면 부모라고 모두 자신을 희생하고 타인을 먼저 생각하는 이타주의자는 아니다. 더군다나 여자가 다른 사람을 위해 출산을 결정하는 것은 아니다. 이미 말한 것처럼 아이를 갖게 되는 동기는 다양하다. 그중에는 아이를 낳음으로써 기대할 수 있는 이점을 생각하는 부모도 많다. 아이가 우리의 삶을 풍요롭게 해줄 거라고 생각하는가, 아니면 제한할 거라고 믿는가? 대부분의 경우 아이가 있는 인생이 훨씬 더 유리하다고 생각할 때만 자녀 계획은 추진된다. 반면 아이가 생기면 자기 발전이나 자아실현에 방해를 받는다고 생각하는 사람은 아이를 포기할 것이다. 이런 면에서 여자가 아이를 낳게 되는 건 이타적인 동기에서만은 아니다.

엄마가 되려는 동기가 이타적이지 않다는 것은 팔코 라인베르크와 베아테 민젤이 쓴 『교육학적 심리학』이라는 교재에서 설명한 조사에서도 잘 나타난다. 가임기 여성 71명에게 자식을 낳으려는 이유를 다섯 가지씩 들어보라고 했다. 그 결과 65명이 "아이를 통해 과제를 갖게 된다"거나 "내 삶에 의미가 생긴다"라고 대답했다. 두 번째로 많은 대답은 "새로운 일을 배우고 자아를 실현할 수 있을 것 같아서"였다. 세 번째 이유는 "아이의 성장을 함께 보고 느끼고 싶다"였다. 또 "사랑의 대상물 또는 파트너의 대체물로서의 아이"라는 이기적인 이유도 절반 이상이 대답했다.

따라서 자기를 희생한 임신이란 어디에도 찾아볼 수 없다. 그 외 다른 이유들 역시 이타주의와는 거리가 멀었다. 아이를 통해 여성으로서 엄마로서 정체성을 찾겠다, 부부관계를 완성하겠다, 임신과 출산을 경험하고 싶다, 아이와 함께 자신도 아이가 되고 싶다 등이었고, 이중 엄마가 갖게 되는 이점과 직접적인 관계가 없는 건 두 가지뿐이었다. "아이를 그냥 좋아한다"고 열네 명의 여성이 대답했고 열두 명은 "세상을 더욱 인간답게 만들기 위해서"라고 답했다.

아이에게 기대하는 것들

그러므로 여자가 이타적 마음으로 아이를 낳아 기른다는 건 선입견일 뿐이다. 여자가 아이를 낳는 건 분명 그만한 장점이 있기 때문이다. 도대체 그것은 무엇일까? 어떤 이들은 아이를 통해 직장에서와는 다른 수준 높은 가치관들이 지배하는 세계 속으로 들어갈 거라 꿈꾼다. 엘리자베스 벡 게른스하임은 '인내와 느긋함, 배려, 이해심, 부드러움, 솔직함'을 아이가 있는 세계의 특징이자 가치라고 말한다. 규율과 이성이 중요시되며, 늘 경쟁적이고 프로페셔널한 직업세계에 비하면 이런 가치들은 반가운 요소임에 틀림없다.

현대적인 부모들 중에는 아이들의 세계가 더 진정하다고 생각하며 아이들을 통해 자신의 독창성, 감수성, 자유로움, 창의성이 도약할 수 있기를 희망했다. 이런 부모들에게도 교육은 이타적인 선물이 아니라 일종의 '교환'이라고 벡 게른스하임은 말하고 있다. 엄마와 아빠는 사심 없이 주는 것이 아니다. 아이는 그 대가로 부모의 과거 속에 묻혀 있던 희망과 본능을 자극해야 한다. 이것도 어린아이가 지기에 큰 부담이 될 수 있다. 특히 아이가 부모에게 삶의 의미가 되기를 기대할 경우, 아이는 자신이 감당하기 어려운 과제 속에서 힘들어할 수도 있다.

■ 카렌

외동딸인 저는 삼각관계를 경험하며 자랐어요. 그것은 큰 부담이었고 지금까지도 그래요. 저는 부모님이 오랫동안 학수고대하던 아이였거든요. 10년간 임신을 시도한 끝에 태어났으니 오죽했겠어요? 부모님은 저를 정말 애타게 기다리고 그리워하셨죠. 그래서 제게 너무 집착하셨고 모든 관심이 오직 제게 집중되어 있었어요. 그것은 물론 좋은 점도 있었지만 시간이 지날수록 큰 부담으로 느껴졌어요. 제가 항상 부모님의 중심이었기 때문에 한 번도 저 혼자 떨어져서 독립적인 일을 할 수가 없었어요.

한편으로 전 엄마의 역할을 이해할 수가 없었어요. 절 맹목적으로 사랑하는 것 같으면서도 가끔은 자신의 욕망을 위해 절 이용하시는 느낌이 들었거든요. 당신도 예쁜 아이를 낳을 수 있다는 과시욕 같은 것 말이에요. 전 그런 마음을 이해하지 못했고 지금도 마찬가지예요. 조소적으로 표현하자면 제 자신이 여자아이 옷을 입은 훈련받은 원숭이 같을 때가 많았어요. 늘 "어머 이것 좀 봐, 쟤가 벌써 저런 것도 할 줄 아네" 이런 식이었거든요.

반면 제 자신이나 저의 인격 발달에 대해선 별로 관심이 없는 것 같았어요. 우리 엄마에게 중요한 건 "드디어 내게도 아이가 있어!"라는 사실이었죠. 저는 아마도 우리 엄마의 내적 공허함을 채워주는 도구였던 것 같아요. 그래서 저는 아이를 갖지 않겠다고 마음먹은 것 같아요.

내 인생의 만족을 위해 아이를 이용하진 않겠다는 다짐인 거죠.

이 경우 아이를 갖고 싶은 엄마의 간절한 기대의 실체가 분명하게 드러난다. 엄마는 출산을 자신의 개인적 성장의 기회로 삼고자 하는 것이다. 이 밖에도 부모는 아이에게 '부부관계의 접착제' 또는 '의미 기증자'나 '창의성의 원동력', '감성세계를 조형해주는 건축가' 등의 과제를 부여하기도 한다. 가끔 아이는 부모가 자신이 겪지 못했던 어린 시절로 돌아가게 해주는 다리가 되기도 한다. 이런 현상은 이혼한 부모에게서 자란 사람들에게서 흔히 볼 수 있다.

엄마가 되려는 동기는 이처럼 다양하다. 그리고 대부분은 극히 이기적이라고 말할 수 있다. 아이와 함께 여자는 자신의 삶이 나아지길 기대하기 때문이다. 아이는 삶의 의미가 되어야 하고, 부모의 내적 성장을 도와야 하며, 감정이 고양된 제2의 현실을 만들어야 한다. 하지만 부모는 자신의 이기적인 마음을 숨기고 포장한다.

반면 아이 없는 여성들은 솔직하다. 그들은 아이를 원하는 마음이 있어도 아이를 키우기 위해 치러야 하는 대가가 너무 크다고 말한다. 자아실현과 평등, 자립성을 포기할 수 없다고 말이다.

VI

아이가 없어도 완벽한 여자가 될 수 있다

아 이 가 없 어 도 완 벽 한 여 자 가 될 수 있 다

1 - 육아 외에도 소중한 경험들이 얼마든지 있다

인도 여행은 잊혀지지 않는 경험이며 해저 탐험은 완전히 새로운 세계를 열어주고, 충만한 사랑은 삶의 질을 높여주며, 자기 회사를 설립하는 일은 자의식을 키워주고, 사하라 사막을 횡단하는 모험은 고요함과 고독함의 의미를 가르쳐준다. 이런 경험을 전혀 해보지 않은, 그리고 해볼 수 없는 여성들이야말로 삶에서 정말 멋진 경험들을 놓친 것이 아닐까. 아이를 갖는 문제도 이와 비슷하다. 엄마가 되는 것은 중요한 일이다. 하지만 인생에는 그만큼이나 멋지고 중요하고 다양한 경험들이 많이 있다.

■ 스테파니

다른 여자들에게 임신이나 출산 같은 이야기를 들으면 늘 재미있어요. 그런데 많은 사람들이 그것이 아주 멋지고 삶에서 한 획을 긋는 중요한 경험이라고 말하지만, 전 제 인생에서 굳이 직접 경험하고 싶진 않아요. 그냥 상상해보는 것만으로도 충분하거든요. 특정한 운동을 하거나 또는 한 번도 직접 보지 못한 곳을 여행하는 꿈을 꾸는 것처럼 말이에요. 여자들이 엄마가 되는 것이 어떤 기분인지 이야기해주면 저도 같이 느껴보는 것으로 충분해요.

엄마가 된다는 것이 우리 사회에선 너무 과대평가되고 있다. 많은 사람들이 아이를 낳는 것을 듣거나 보는 것만으론 제대로 알 수 없다고들 한다. 엄마가 되는 행운을 누구나 직접 맛보아야 한다고 한다. 하지만 엄마가 됨으로써 갖게 되는 멋진 느낌은 동전의 일면일 뿐이다. 또 다른 면은 출산 후 겪게 되는 우울감과 휴직으로 인한 경제적 의존성, 부부관계의 질적 저하, 산더미 같은 가사일 등이다. 게다가 대부분 엄마들은 출산 후 공평한 가사분담에 대한 권리가 이루어지지 않는 것을 그냥 참고만 있어야 한다.

다른 삶의 계획, 다른 행복의 원천

사회에서는 여자가 엄마가 되는 것의 좋은 면들이 자주 부각된다. 동시에 그녀들과는 다른 삶을 계획하고 추구하는 여성들의 인생에도 기쁨과 흥분, 행복이 자리하고 있다는 것은 무시되기 일쑤다. 하지만 많은 여성들이 아이를 키우면서는 결코 할 수 없는 다양한 삶의 계획 속에서 자아실현을 찾고 또 발견한다.

■ 마를레네

회사를 설립하던 시기에 아이를 갖는다는 건 꿈도 꿀 수가 없었어요. 남자친구(남자친구가 육아를 담당한다는 전제 하에)와 아이를 동시에 먹여 살릴 돈이 없었거든요. 소위 슈퍼우먼이라 불리는 여성들이 무슨 말을 하든 저와는 상관없어요. 저는 가족의 도움 없이는, 가령 부모님이나 다른 누군가의 경제적인 지원을 받아 아이를 맡기지 않는 이상 아이와 사회생활을 병행하기란 불가능하다고 생각해요. 하지만 저는 부모님께 날마다 제 아이를 맡기고 싶진 않았어요. 아이를 남편이나 제가 직접 돌볼 수 없다면, 아이를 왜 가져야 하죠? 그리고 그 당시 제가 회사 일에 전력질주하지 않았다면 지금의 회사는 존재하지 않았을 거예요.

아이 없는 삶을 선택한 여성은 다른 일을 할 시간과 돈의 여유를 가질 수 있다. 엄마들이 아이를 키우는 데 쏟는 에너지와 열정, 정신을 그들 역시 갖고 있다. 그것이 꼭 직장일은 아니다. 물론 인터뷰 응답자의 다수가 아이가 없는 덕분에 직장에서 더 많은 것을 경험하고 성취할 수 있었다고 털어놓았다. 하지만 모두가 직장에서의 성공에 삶의 모든 비중을 두는 건 아니었다. 어떤 이들은 삶의 다른 꿈을 실현하는 데 에너지가 필요하다고 했다.

■ 모니

저는 지난 4년간 어릴 적의 꿈을 이루었어요. 친한 친구들과 함께 오래된 전통 가옥을 사서 내부를 수리했거든요. 지방자치단체로부터 전통 가옥 수리 비용을 지원받았죠. 적은 돈으로 우리는 힘들었지만 민주적인 조직력으로 거의 불가능한 것으로 여겨지던 목표를 이루어냈어요. 다 허물어가는 전통 가옥을 우리 힘으로 깨끗하게 복구해놓은 거예요.

우리 모두는 4년간 그 일에 매달렸고 그 과정에서 많은 것을 배웠어요. 공동의 목표를 위해 어려운 타협을 이루어내기도 했고 개인적인 관심사를 양보하는 법도 배웠고요. 지금은 함께 그 집에서 살고 있고 남는 방은 싸게 세를 주었어요. 이렇게 집을 수리하는 동안엔 다른 계획을 돌아볼 에너지나 시간이 전혀 없었지요.

대부분의 아이 없는 여성에겐 자아를 스스로 규정하고 자립적인 생활환경을 만드는 것이 무엇보다 중요하다. 많은 이들이 엄마로서는 거의 실현 불가능한 목표들을 추구하고 있다. 그들은 시간이 필요한 개인적 꿈을 성취하고, 시간과 비용이 많이 드는 정치적 계획에 발 벗고 나서거나 직업적 발전에 에너지를 쏟는다. 어떤 이들은 또 자아발전을 위한 색다른 길을 걷고 있다.

■ **카렌**

저는 스물여덟 살에 영구불임수술을 받았어요. 그때 저는 스스로에게 이 결정이 혹시 일에 대한 욕심 때문은 아닌지 수없이 물어보았어요. 하지만 그건 아니었어요. 물론 지금 다시 생각해봐도 아이가 있었다면 지금의 위치에는 결코 도달할 수 없었을 거예요. 또 이렇게 만족스러운 일을 발견하지도 못했을 거고요. 지금처럼 책을 쓸 수도 없었을 거예요. 그건 확실해요.

크리스티네 칼도 비슷한 이야기를 한다. 그녀의 실험자들 역시 "지금처럼 여행을 많이 하거나 음악을 듣고 직접 연주하거나 또는 책을 쓸 여유를 갖지 못했을 것이다"라고 말했다.

하지만 아이 없는 여성들 모두가 예술이나 창작활동을 하는 건 아니다. 어떤 이들은 자신이 삶에서 추구하는 것을 활용할 시간이 필요하거나 개인적인 소망과 욕구를 만족시킬 수 있는 공간이 필요하다. 그리고 아이가 있었더라면 그런 공간을 가지는 게 불가능했을 거라고 말한다. 이들에게 삶의 중요한 목표란 개인적인 발전과 관련된 것이다.

■ 질케

저는 늘 제 자신을 더 잘 알기를 원했어요. 그리고 계속 제 뜻대로 되어 가고 있죠. 제가 어떤 사람인지, 저의 정체성에 대해 점점 더 많이 알게 되었어요. 아마 아이를 갖지 않으려는 것도 그 때문일 거예요. 저는 제 삶을 스스로 조절할 수 있다는 것이 맘에 들어요. 그리고 나이가 들수록 더 잘할 수 있을 것 같아요. 예전에는 외부로부터 주어진 규칙들에 절 맞추려고 했었죠. 다른 사람들이 하는 대로 따라 살려고 했던 거예요. 하지만 이젠 정말 제 스타일을 찾은 것 같아요.

아이를 낳기로 하든 아니든, 일단 한쪽으로 결정을 내리면 다른 쪽 삶을 살 수 있는 가능성과 그로부터 가질 수 있는 잠재적 행복은 배제된다. 이 점에서는 엄마가 되기로 결정한 여성이나 다른 길로 가기로 결정한 여성이나 모두 마찬가지다. 엄마는 가끔이라도 아이 없는 여성의 입장이 되어볼 수가 없다. 물론 가끔씩 아이를 맡길 순 있지만 그 짧은 시간에 아이의 식사시간으로부터 자유로운 삶, 치맛단을 붙잡고 늘어지는 아이가 없는 삶이 어떤지 제대로 느껴보기란 힘들다. 그리고 전화벨이 울리고 아이를 돌보는 어려움에 대한 호소를 듣자마자 다시 엄마의 현실로 돌아가야 한다.

반면 아이를 포기한 여성들은 엄마 입장에 서보기가 그들보단 쉽다. 아이들이야 어딜 가든 있기 때문이다. 뒷마당에서 뛰어노는 아이들, 조카, 친구의 아이들. 아이와 시간을 보내고 싶으면 쉽게 아이를 티타임에 초대하거나 어린이 영화에 초대하면 된다.

■ 스테파니

아이가 없다고 제 삶이 허전하다고 느끼진 않아요. 그 밖에 할일이 많기 때문이죠. 그리고 취미생활을 하기도 바빠요. 저는 원하기만 하면 아이들과 이야기하고 놀 수 있어요. 아이가 있는 친구들이나 친척들이 많거든요. 지금은 다른 사람들의 아이들을 잠깐씩 볼 수 있는 것만으로도 충분해요.

이들 모두가 아이를 낳지 않겠다는 결정이 옳다고 확신하는 건 아니다. 어떤 이들은 가끔 자신의 선택이 옳은지 자문해본다. 내 인터뷰 응답자들 중에서도 자신의 결정에 회의를 느끼는 사람이 있었다.

■ 울라

남편과 저는 사실 아이를 원하지 않는다는 목표가 늘 확실했어요. 하지만 우리 둘 다 마흔이 되었을 무렵 만약에 다시 한 번 임신을 한다면,

이번에는 낙태를 하지 않을 거라는 느낌을 가졌어요. 물론 둘 다 정말 아이를 갖고 싶어한 건 아니었어요. 요즘 행복해 보이는 젊은 가족들을 보면 이렇게 말하곤 합니다. "아, 아이가 있었더라도 좋았을 텐데"라고. 그건 우리 삶에서 일어났어도 되는 일 중의 하나라고. 하지만 사실은 그때의 결정도 큰 문제는 없어요. 지금 이대로도 괜찮아요.

엄마가 되는 건 많은 가능성 중의 하나일 뿐이다. 하지만 아이를 낳지 않겠다는 결정을 후회하는 여성은 소수에 불과했다. "아이 없는 삶은 대체로 긍정적으로 평가되었다"고 크리스티네 칼은 말한다.

그들은 아이 없는 삶에 대해 후회가 없고 책임질 필요가 없으며 다양한 활동을 추구할 수 있는 삶에 만족했다고 크리스티네 칼은 정리했다. 많은 이들이 아이를 원하지 않으며 한 번도 그런 생각에 회의를 가져본 적이 없었다. 그들은 자신들이 어딘가 부족하기는커녕 누구보다 완벽한 여자라고 느꼈다.

■ 질케

아이는 제가 원하는 제 자아상에 속해 있지 않아요. 저는 아이를 갖고 싶은 마음이 든 적이 한 번도 없었어요. 그저 아이를 갖고 싶은 마음이 이성적이지 않고, 없으면 없는 거지 하는 느낌뿐이에요.

하지만 제가 어떤 두려움 때문에 아이 낳기를 회피하는 게 아닌지를 점검해볼 필요는 있었어요. 그리고 지금은 확신할 수 있어요. 아이를 낳지 않으려는 것이 우리 엄마처럼 될까봐 두려워서는 아니라는 거요. 저는 아이 없이 살길 원하고 후회하지 않을 거예요.

2 – 아이 없는 여성들은 어떻게 흔적을 남기는가

내가 죽으면 내게 무엇이 남는가? 사람들은 가끔 이런 질문을 하는데 아이 없는 사람들보다는 부모가 그에 대한 대답을 빨리 찾는다. 왜냐하면 아이가 없는 여성은 자신의 높은 코나 발가락 모양, 몸매, 머리색 등을 다른 누군가에게 전해줄 수가 없기 때문이다. 하지만 다른 한편으로 특정한 질병을 유발하는 유전자를 넘겨줄 리도 없다. 부모들은 아이를 통해 삶을 이어간다고 생각하고 조부모들은 손자들에게서 불멸성이 실현되었다고 믿는다. 아이 없는 이들만 죽은 후에도 흔적을 남길 수 있는가라는 질문으로 괴로워한다. 하지만 그건 짧은 생각일 뿐이다.

사람들은 죽은 후에도 자신의 어떤 면이 계속 살아 있기를 바란다. 그리고 그것은 당연히 좋은 것이어야 한다. 부모는 그런 유전적 요소가 자식에게 물려진 것을 보며 그 소망이 이루어진 것으로 믿는다. 하지만 인간이 줄 수 있는 가장 좋은 것이 반드시 유전자에만 있는 것은 아니다. 또 반드시 좋은 유전자만 대물림된다는 보장도 없다. 부모의 어떤 특성이 아이에게 물려질 것인지에 대해 부모는 직접 선택할 수가 없다. 그건 오로지 우연성의 법칙에 지배된다.

가령 부모가 자녀에게 원치 않는 좋지 않은 유전자, 당나귀 귀나 평발, 색맹, 혈우병, 심지어 정신병까지도 물려주게 될지 모른다. 즉 게놈을 통해 전수되는 모든 것이 아이들에게 좋은 것만은 아니라는 얘기이다. 반대의 상황도 있다. 즉 부모가 아무리 뛰어난 인재이거나 특별한 재주를 지녔다고 해도 그것이 반드시 자식에게 유전되리라는 보장도 없다는 것이다. 유전자는 재능이나 우수한 지능을 전달해주는 확실한 방법이 아니다.

부퍼탈 대학의 미학과 교수 바존 브로크는 ZDF 방송 프로그램에서 괴테가 유전적으로 보자면 열등아였다고 주장했다. 실제로 그의 아들은 그다지 유명인사가 되지 못했다. 크리스티나 우지마는 괴테가 이혼한 뒤 술에 절어 살았다고 주장했다. 그의 시체를 해부한 결과 실제적인 사인이 지나친 과음으로 인한 장기손상이었다는 것이다.

그러니까 위대한 천재조차 그의 재능이 유전자를 통해 자손에게 전해진다는 보장이 없다. 괴테는 자신의 능력을 유전자가 아닌 작품을 통해 세상에 전했다. 물론 모든 아이 없는 여성들에게 유명한 작품을 창조하길 기대할 순 없지만 괴테의 예는 유전자에 의한 지식과 가치, 재능의 전수가 신뢰할 만하지 않다는 것을 보여준다. 그리고 죽음을 초월해 계속 살아남을 수 있는 다른 길이 있다는 것도 마찬가지다.

■ 울라

제가 영원히 살기 위해 아이가 필요하진 않아요. 다른 것을 통해서도 이룰 수 있거든요. 가령 노인들과 시대에 맞고 만족스러운 형태로 함께 살 수 있는 프로젝트를 개발하는 것도 그 중 하나예요. 현재 다른 사람들과 바로 그 작업을 진행 중이죠. 또는 글을 씀으로써 죽음을 초월해 계속 살아남을 수도 있을 거예요. 게다가 저는 치료사로서 제 고객들에게 이미 '엄마'의 역할을 하고 있어요.

부모들은 불멸성에 대한 또 하나의 논점을 든다. 생물학적으로뿐만 아니라 교육을 통해 자신의 흔적을 남기고 다른 사람에게 각인될 수 있다는 것이다. 부모는 작고 불완전한 존재를 따라다니고 많은 시간을 그들과 보내면서 자신의 가치관을 전수할 수 있다고 굳게 믿는다. 하지만 내 인터뷰 응답자들 중에는 부모가 청소년의 성장에 그다지 큰 영향력이 없다고 생각하는 사람도 많았다. 왜냐하면 그들에게 부모는 자신들의 삶을 책임지는 핵심적인 인물이 아니기 때문이다.

■ 스테파니

"내가 너를 이렇게 키웠어"라는 말을 하기 위해 아이를 갖는다는 건 말도 안 돼요. 더군다나 저는 아이들이 태어난 순간부터 고유의 인격을 갖고 있으며 또 그의 주변에 있는 모든 사람들로부터 영향을 받는다고 믿어요. 전 그것으로 만족합니다. 주변 아이들의 삶에 부분적으로 영향을 끼치고 또 그들도 내게 영향을 주는 것으로 말이에요.

아이가 없어도 문화적 가치를 전수할 수 있다

아이 없는 여성들은 유전자를 전수할 수는 없지만 문화적 가치들은 부모보다 더 잘 전해줄 수 있다. 새로운 이론에 따르면 이 가치들은 소위 밈(Meme)*를 통해 전해진다고 한다. 게놈이 부모의 유전정보를 다음 세대에 전해주듯이, 밈은 문화 전수를 담당한다고 사회학자 클라우스 만하르트는 주장한다. 밈이란 한 인간의 모방을 통해 다른 사람에게 전달되는 모든 것을 말한다. 여기에는 아이디어나 재주, 예절, 풍습, 이야기와 발명 등이 속한다. 하지만 개인적 경험이나 학습된 반응, 타고난 태도 등은 밈에 속하지 않는다.

---

* 밈 : Meme, 유전자처럼 개체의 기억에 저장되거나 다른 개체의 기억으로 복제될 수 있는 비유전적 문화요소.

이렇게 볼 때 아이가 없는 여성이 엄마보다 다음 세대에 문화적인 자취를 남길 수 있는 가능성이 더 크다. 물론 부모는 식사예절이나 노래, 종교를 전해줄 수 있겠지만 그들의 영향력은 자기 자식들에게만 한정되는 경우가 많다.

반면 아이 없는 여성은 요리법이나 음악 스타일, 도덕관념들을 훨씬 더 널리 퍼트릴 수 있다. 다른 사람들을 만나 이야기할 시간과 기회가 더 많기 때문이다. 그리고 다른 사람들이 그들의 아이디어나 생활방식을 따라할 가능성이 더 크다. 아이 없는 여성의 밈은 훨씬 잘 확산된다. 그녀는 직장이나 오픈된 장소에 있기 때문이다.

이 이론의 틀에서 보면 세계를 변화시키는 것은 부모가 아니라 문화적 발전에 강한 영향을 주는 아이 없는 여성이다. 결국 부모들뿐만 아니라 아이 없는 여성들도 세상에 자취를 남기는 것이다.

다음 세대의 행복에 대한 걱정

어떤 경우엔 인간 존재의 자취를 남기는 것이 부정적일 때도 있다. 가령 지구의 열악한 상태가 그렇다. 숲은 무분별한 벌목으로 벌거숭이가 되었고 동물은 씨가 말랐으며 물과 같은 소중한 자원도 고갈될 위기에 놓여 있다. 그래서 자연의 약탈을 저지하려는 환경보호 시민운동이 일어나고 있다.

지속 가능한 개발이 주요 대안이라고 할 수 있다. 지속성(Stainability)이란 현재뿐만 아니라 미래 세대의 삶의 질이 보장될 수 있도록 행동해야 한다는 뜻이다. 그리고 이것은 인간 이외의 생물체에도 모두 적용된다. 이 운동에는 자기 후손의 미래를 위해 싸우는 부모들만 참가하는 것이 아니다. 아이 없는 여성들도 후세대에게 황폐된 지구가 아니라 살기 좋은 지구를 물려주고 싶어한다. 그래서 승용차를 포기하고 일회용 컵 대신 재활용 컵을 쓰며 제3세계의 사회적, 자연적 수준을 높이기 위해 비싸지만 공정하게 거래된 상품들을 고른다.

에릭 H. 에릭슨은 다음 세대의 행복을 돌보는 것은 중장년기 세대들에게 중요한 과제라고 말한다. 심리학자인 그는 인간이 살아가면서 어떻게 발전하는지에 대한 모델을 완성했다. 거기에서 그는 삶을 몇 개의 시기로 나누었는데 각 시기마다 전형적인 삶의 주제가 있으며 그것이 최적의 경우 어떻게 완결되는지를 보여주었다.

중장년기에 인간은 세대활동을 생각해야 한다고 그는 말한다. 또한 팔코 라인베르크와 베아테 민젤은 『교육학적 심리학』에서 "다음 세대의 행복뿐만 아니라 그들이 살고, 일하게 될 사회적 조건들까지도 신경 써야 한다"라고 말했다. 에릭슨은 아이를 낳고 키우고 잘 크도록 부모가 돌보는 것은 이 발달단계 중 한 단계를 수료하는 데 지나지 않는다고 보았다. 또 라인베르크와 민젤도 "다른 가능성이란 다음 세대에게 유익한 학문적 · 기술적 · 예술적 · 정치적 성과를 완성하는 것이다"라고 말한다.

때문에 자기 아이를 낳는 것은 건강한 인간의 발전을 위한 의무 프로그램에 들어가지 않는다. 중요한 것은 오로지 다른 사람 대신 책임을 위임받고 다음 세대에 유익하도록 행동하는 능력인 것이다. 이것은 '왜 일에서 만족감을 얻는 사람이 대체로 그다지 아이를 원하지 않는지, 혹은 아이가 없어도(불임의 경우) 더 잘 견뎌내는지'를 설명해줄 수 있는 이유가 될 수도 있다고 라인베르크와 민젤은 추측한다.

사실 아이 없는 여성들이 삶에서 중요한 과제를 수행하지 못했다는 느낌을 받는 경우는 드물다. 몇몇은 중년이 되어서야 아쉬워하거나 또는 아이가 있었더라면 삶이 어떻게 달라졌을까 자문해보기도 한다고 크리스티네 칼은 말한다. 하지만 그럼에도 불구하고 많은 이들이 얼마 후엔 아쉬움이나 후회를 접고 아이를 낳지 않기로 한 결정을 굳힌다고 한다. 그들은 왜 과거에 아이를 낳지 않기로 결정했는지 상기한다. 그들은 후회 없이 늙어갈 것이며 죽은 후에도 영원히 흔적 없이 사라질까 봐 두려워하지 않아도 된다. 그들 또한 세상에 지속적인 영향을 주며 흔적 없이 죽는 것이 아니기 때문이다.

여성들은 누구나 아이를 낳을지 말지 스스로 선택할 권리가 있다

모든 여성이 엄마가 될 권리가 있다. 하지만 만약 아이를 원하지 않을 땐 어떤가? 그때도 역시 양심의 가책을 느끼지 않고 살 수 있어야 한다. 그렇다고 해서 그들이 특이한 별종은 아니다. 왜냐하면 1965년 즈음에 태어난 여성들 중 30%가 아이 없이 살고 있기 때문이다. 그런데 거의 3분의 1의 여성들이 아이를 원하지 않음에도 불구하고 여전히 엄마가 되는 것이 여성의 정상적인 운명으로 간주되고 있다. 그리고 '정상적인 길'을 걸어가길 거부할 경우 신체적으로 문제가 있다는 오해를 받거나 사회적 압박을 느끼기도 한다. 따라서 그녀의 결정에 박수와 격려를 기대하긴 어렵다. 우리 사회에선 부모가 된다는 것은 곧 성숙의 증명과 같고 아이를 낳는 것이 규정을 지키는 이벤트로 축하받기 때문이다. 매체에서도 임산부는 특별한 관심의 대상이 된다. 잘 알려진 영화배우가 임신을 통해 주목을 받거나 테니스 스타 슈테

피 그라프가 엄마가 된다는 사실은 그랜드 슬램에서 우승한 사실만큼이나 핫이슈가 된다.

임신이 일종의 성취로 평가되고 축하받는 사회 분위기에서 아이 없는 여성들이 견뎌내기란 쉽지 않다. 사회적 규정은 여성에게 '임신을 해야 한다. 그렇지 않으면 다른 사람들처럼 될 수 없다. 아이를 낳지 않으면 정상적인 여자가 아니며, 자식에 대한 애정과 배려의 마음씨로 세계를 개선시키는 좋은 사람들과는 어울리지 않는다'고 말한다.

하지만 아이 없는 여성은 나쁜 사람이 되고 싶지 않다(실제로 나쁜 사람이 아니다!). 그래서 그들은 심리학자들이 '인식적인 불협화음'이라고 부르는 문제를 겪기 쉽다. 자신의 실제 행동(엄마가 되지 않으려는)이 내면화된 상념(좋은 여자는 엄마가 된다는)과 다르기 때문에 내적 갈등을 겪는다. 자신은 좋은 사람인데도 불구하고 행동은 바람직하지 않다는 식의 고민이다.

게다가 오늘날까지도 '엄마로서의 경험이 여성에겐 포기할 수 없는 특별한 것'이라는 믿음이 사회적으로 굳건하다는 사실이 그들을 더 힘들게 한다. 이 믿음이 얼마나 뿌리 깊게 박혀 있는지를 잘 보여주는 예가 있다. '여성의 삶'이라는 주제로 이루어진 연구에서 1973년 이전에 태어난 여성의 85%가 부모로부터 아이는 여성의 행복에 아주 중요한 요소라고 들어왔다고 대답했다.

아이를 갖는 건 행운의 여신이 주는 가장 큰 축복이라는 선입견은 부부와 자녀라는 보편적인 삶을 거부하는 모든 여성들의 삶의 태도를 평가절하하는 것이다. 하지만 이제 이 책을 읽은 사람은 엄마가 되지 않는다고 해서 자연에 위배되거나 여성으로서 놓쳐선 안 될 것을 포기하는 것도 아니라는 사실을 알게 되었으리라 믿는다. 그리고 엄마가 된다고 해서 반드시 행복한 여성이 되리라는 보장도 없고 오히려 보이지 않는 어려움이 존재한다는 것도 말이다.

출산 후 여성은 그야말로 기운이 다 빠져서 이전의 정신적·육체적 건강을 되찾기까지 9개월이라는 긴 시간이 필요하다. 아이가 태어나자마자 남편과 싸움이 잦아지고 우울증이 생길 수도 있다. 또 서로 대화하는 시간이 줄어들고 애정을 나누는 일도 드물다. 그 결과 세 쌍 중 한 쌍이 가정법원으로 달려간다.

출산하면서 여성들은 대개 경제적으로 남편에게 의존하게 된다. 거의 무보수의 육아가 전부 그녀 차지이기 때문이다. 이처럼 육아휴직을 하는 것이 거의 여자이기 때문에 출산은 여자의 직장을 잃게 만드는 원인이 될 수밖에 없다. 엄마로서의 새 삶은 여자에게는 자신의 욕구와 필요를 양보하고 접는 것을 의미한다. 그렇다고 아이가 행복한 노후생활을 보장해주는 것도 아니다.

이처럼 많은 이유에도 불구하고 여자들이 아이 없는 삶을 떳떳하게 선택하기란 여전히 어렵다. 이젠 페미니스트들조차도 엄마로서의 삶이 지나치게 미화되고 있음을 비판하지 않는다. 1960년대엔 그들이 여성해방을 위해 입을 모아 임신 거부를 외쳤지만 지금은 그들 사이에서도 임신과 출산에 대해 이견이 분분하다. 어떤 여성주의자는 오로지 여성만 경험할 수 있는 임신은 여성이 모든 것을 스스로 결정하고 남성을 초월할 수 있는 유일한 방법이라고 주장한다. 그들에 따르면 여성은 임신할 수 있는 자, 즉 무리의 여왕으로 태어났다는 것이다. 하지만 그녀가 다스릴 수 있는 왕국이라는 것이 겨우 세탁기에서 요람까지이고 남편이 벌어오는 돈에 의존해야 한다면 그 왕국의 실제 지배자가 누구일지는 불 보듯 뻔하다.

엄마가 기저귀를 갈고 아이의 아픈 곳을 어루만져주고 이유식을 만드는 데 선수일진 모르지만 자유롭다고는 할 수 없다. 엄마로서 자아를 규정하기도 힘들고 직장에서 (한시적일지라도) 제외되며 지적인 대화를 나누기도 어렵고 늘 집에 묶여 있다. 공적인 삶에 크게 영향을 주는 인물이 아니라 사회에서 보이지 않는 투명인간이 되어가는 것이다.

엄마가 되는 것은 여성해방의 방법이 될 수 없다. 오히려 그 반대다. 아빠가 직장에서 승진하고 이름을 날리며 밤에는 친구를 만나고 인간관계를 넓혀가는 동안 엄마는 점점 의존적인 애완동물로 변해간다. 프테나키스와 칼리키, 페이츠가 말한 바와 같이 여자의 자긍심이 출산 후 3개월이면 최저로 떨어지는 것도 놀라운 일이 아니다. 그래서 여자들이 임신 중일 때는 감정의 기복과 우울 빈도가 비교적 적은 반면, 출산 후에는 점점 더 증가하는 것이다.

엄마가 되는 건 정말 힘든 일이다. 그건 여성의 삶에 결정적인 획을 긋는다. 그럼에도 불구하고 전체 임신 중 단 50%만이 계획된 임신이라고 한다. 혹시 아직도 결정내리길 망설이는가? "엄마가 너무되고 싶다"는 말은 "절대로 아이만은 안 돼"라는 말과 마찬가지로 내뱉기 힘든 것 같다. 여성들끼리 엄마가 되는 것이 삶의 목표인지, 아이를 낳으면 좋은 점은 뭐고 또 나쁜 점은 뭔지에 대해 토론하는 일은 극히 드물다. 그저 아이 없는 여성들은 "지금은 좀 힘들어요"라며 수줍게 속삭이고 임산부들은 "피임하는 걸 잊어버렸다"라고 말한다.

정말 안타까운 일이다. 엄마가 된다는 건 여성의 삶을 완전히 바꾸어놓는 일대 사건이고 결코 되돌릴 수 없기 때문이다. 직업을 바꾸거나 결혼서약서를 파기하거나 자기 집을 되팔 순 있어도 엄마는 한 존재에 대해 평생을 책임져야 하며 게다가 어마어마한 시간과 에너지가 드는 일이다. 그래서 아이 문제만은 정확한 계획을 가지고 결정해야 하고, 사회적 압력과 상관없이 아이를 찬성하거나 반대하는 동기에 대해 충분히 생각하고 결정해야 한다.

너무나 안타까운 사실은 여성들이 엄마가 되었을 때 삶이 어떻게 바뀔 것인지에 대해 잘 모르고 있다는 것이다. 젊은 엄마들이 자주 내뱉는 말이 있다. "내 아이를 다른 무엇과도 바꿀 수 없어. 하지만 엄마가 된다는 게 이렇게 힘들 줄은 몰랐어."

아마 이렇게 말하는 여성은 엄마가 되면 너무 행복해진다는 이야기에 눈이 멀었을 것이다. 아니면 젊은 부모들의 이야기에 속았을지도 모른다. "내 경험으론 똑똑한 부모일수록 임신이 치밀하게 계획되었던 것처럼 거짓 이야기를 꾸며댄다"라고 부부상담 치료사 로즈마리 벨터 엔딜린은 말한다. 반면 "계획할 수 없는 것을 다룰 때의 자신 없음, 잠 못 이루는 밤 그리고 늘 뭔가를 주기만 해야 할 때의 느낌에 대해선 숨긴다"고 한다.

그러니까 아이를 낳을지 말지 결정해야 하는 여성은 엄마가 되는 것과 가족의 행복을 둘러싼 사회적 신화를 철저히 파헤쳐볼 필요가 있다. 그렇게 하면 출산이 자신의 인생 목표와 잘 맞는지 그리고 자신의 생활방식과도 부합하는지 평가내릴 수 있을 것이다. 어떤 여성들에겐 아이를 낳아 자신의 삶을 아이와 함께 계획하고 키우고 그 아이가 자라는 것을 지켜보는 데서 기쁨을 얻을 수도 있다.

반면 어떤 여성들은 엄마가 되는 것이 행복으로 가는 길이 아닐 수도 있다. 아이로 인해 삶이 얼마나 풍요로워질지 또는 자녀가 자신의 발전을 촉진할지 저해할지는 모든 여성이 스스로 평가해야 한다. 마찬가지로 아이와 함께 찾아오는 피할 수 없는 부작용도 계산해야 한다. 가사가 훨씬 증가할 것이고 대개 전통적인 역할 분배에 따라야 하며 자신의 욕구를 접고 양보해야 할 때가 많다는 것을 미리 파악해야 한다.

어떤 여성도 원하지 않는 한 아이를 자신의 운명으로 받아들일 필요가 없다. 여성과 엄마를 무조건적으로 연결시키는 경향은 다행히 최근에 와서 훨씬 약해졌다. 이제는 모든 여성이 자기 엄마나 많은 친구들이 선택했던 길과는 다른 길을 스스로 선택할 수 있다. 손자를 간절히 바라는 조부모를 실망시키거나 자녀를 원하는 남편의 소망을 거부하고 자신이 최고라고 여기는 대로 삶을 꾸려나갈 수 있다.

독일의 인구 수가 줄어드는 것에 대해 개인적인 책임감을 느낄 필요도 없다. 왜냐하면 환경을 생각해서 재활용 종이 수집함을 선택하고 종이를 모으는 일과 달리 아이를 낳는 문제는 그냥 하면 되는 일이 아니기 때문이다. 아이를 낳기로 결정하는 것은 여성의 나머지 삶을 완전히 뒤바꿔놓는다. 아마 더 큰 집이 필요할지도 모르고 아이가 있는 새 친구들도 필요하고 남편과의 시간은 거의 없고 시부모의 정기적인 방문에도 익숙해져야 한다.

사회에 대한 책임에 관해선 아이 없는 이들이라고 양심 없이 행동하지 않는다. 우리나라에는 인구 감소 문제만 있는 것이 아니기 때문이다. 정계와 학계 지도층에서 여성 인력이 부족한 것도 마찬가지로 심각한 문제다. 물론 모든 여성이 아이를 포기하고 사회적 성공에만 미친 듯이 매달리려 하진 않을 것이다. 하지만 아이 없는 여성들은 직업을 통해 자긍심을 개선시킬 수 있다. 그것은 엄마들에겐 불리한 특성이다.

또한 강한 여성도 부족하다. 문예학자인 바바라 빈켄은 "독일 여성의 자의식은 더 키워져야 한다. 다른 유럽 국가와 비교할 때 많이 떨어진다"고 보고한다. 여성은 아이 없이 살 수 있고 자신의 자립적인 삶을 자신이 원하는 대로 꾸려나갈 수 있어야 한다. 사회생활에 몰두하거나 예술 활동을 하거나 해외여행에서 통장 잔고를 몽땅 비우거나 남녀관계에서 동등한 역할을 맡든 자기가 원하는 대로 삶을 이끌어야 한다.

엄마가 됨으로써 가장 큰 타격을 입는 건 여성이다. 따라서 여성은 스스로 엄마가 될 것인지 안 될 것인지 선택할 수 있어야 한다. 자신의 삶이 성공하느냐 실패하느냐에 대한 책임은 여성 자신에게 있다. 자신이 가장 먼저 만족할 수 있다고 생각되는 삶의 계획을 추구할 수 있어야 한다.

아이 없는 여성의 삶의 방식으로부터 이익을 보는 건 비단 여성뿐만이 아니다. 단지 누구의 엄마가 아니라 여성으로서 부부관계의 동등한 가사분배를 위해 싸우며 지도층의 여성 비율이 증가할 수 있도록 힘쓰는 것도 그녀이고, 자립적이고 동등하게 살고 직장에서 어떻게 자신의 의사를 주장해야 하는지에 대해 어린 소녀들의 본보기가 되는 것도 바로 그녀들일 것이기 때문이다. 이 여성 파워는 남녀평등을 추구하는 현대사회를 훌륭하게 지탱해나간다. 그래서 아이 없는 여성은 자신의 인생 계획을 숨기지 말고 양심의 가책 없이 다른 사람 앞에 당당하게 나서야 한다.

결혼과 출산에 대한
폭넓은 이해와 진지한 고민이 필요한 시기

이 책을 처음 접했을 때, 나는 내가 세상을 향해 던지고 싶었던 모든 말이 이 책에 고스란히 담겨 있음을 발견하고 그리 반가울 수가 없었다. 그래서 마치 보이지 않는 상대에게 나 자신을 변론하듯이 신나게 원서의 내용을 우리말로 옮겼던 기억이 난다.

당시 내겐 두 돌이 갓 지난 어린 딸이 있었는데, 나 역시 그 아이를 낳기로 하기까지 꽤 긴 시간을 개인적 자유와 가족에 대한 의무 사이에서 고민했었다. 내 상황이 아이를 낳아 키우기에는 썩 안정적이지 못했던 데다가 무엇보다 내 일을 사랑했던 나는 막연하게 육아와 일을 병행하기가 버거울 거라는 생각을 했고, 특히 꼭 아이가 있어야 한다는 생각이 절실하게 들지는 않았었다. 그래서 "아이를 꼭 낳아야 할까? 난 일이 더 좋은데"라고 말하면, 주변에서는 "그러다가 나중에 늙어서 후회한다", "결혼을 했으면 아이는 꼭 있어야 한다" 같은 우려 섞인 충고가 돌아오곤 했다.

사실 나는 그때까지 결혼과 출산을 종이의 양면처럼 불가분한 것으로 여기지 않았고, 무엇보다 출산이라는 문제에 대해 진지하게 생각해본 적조차 없었다. 더군다나 '결혼을 했으니까 출산은 당연하다'는 생각은 전혀 해보지 않았는데, 그런 나를 무슨 희귀한 동물 보듯이 하는 주변 사람들의 시선 때문에 참 당황스러웠다. 특히 부모님 세대가 내 생각을 수긍하지 못하는 건 이해하겠는데 나와 연배가 비슷한 지인들까지도 그런 나를 보며 고개를 갸우뚱거릴 땐, '내가 진짜 이상한 건가? 너무 내 생각만 하는 이기적인 사람은 아닌가?'라는 고민에 빠지기도 했다.

그로부터 몇 년이 흘러 『난 죽을 때까지 여자로 산다』의 출간을 목전에 둔 지금, 지난 시간을 돌이켜보면, 나의 예상과는 달리 육아와 일은 그런대로 순조롭게 병행되어 온 것 같다. 하지만 양가 어머님의 남다른 희생이 없었더라면, 그건 절대로 불가능한 일이었음을 잘 알고 있다. 그래서 출산이라는 문제는 결코 여자가 결혼과 함께 반드시 이행해야 하는 의무사항이 아니라 어디까지나 자발적인 선택사항이어야 한다는 생각에는 변함이 없다. 왜냐하면 이 책에서도 언급되었듯이 출산과 육아로 가장 고통받는 이는 다른 누구도 아닌 바로 여자 자신이기 때문이다. 그 고통은 배우자, 그리고 사회가 함께 나눠 가져야 마땅하지만 그건 당위일 뿐 누구도 강요할 수는 없다. 출산과 육아로 힘들어하는 여자들에게 현실은 냉혹하기 이를 데 없다. 더군다나 사회생활을 지속해나가고자 하는 여자들에게 더욱 심각하다.

대한민국의 워킹 맘은 일과 가정이라는 유리공을 양손에 쥐고 위태로운 저글링 묘기를 펼치는 곡예사들이다. 언제 어느 공이 떨어질지 몰라 전전긍긍하며 잠시도 손을 멈추지 못한 채 두 개의 공을 좇아 이리저리 뒤뚱거리며 아슬아슬하게 살아간다.

– 〈한국일보〉「워킹 맘을 부탁해」(2010년 1월 10일) 중에서

그럼에도 이 불가능해 보이는 묘기를 지속해나가고자 하는 일하는 엄마들은 스스로 '나쁜 엄마'라는 죄책감에 시달려야 한다. 출근할 때마다 울고 매달리는 아이를 매정하게 뿌리쳐야 하고, 빠질 수 없는 회식 때문에 아픈 아이도 외면해야 하며, 매사 전업주부의 아이들과 비교당하는 부당함도 견뎌야 한다.

OECD 가입 국가 중에서도, 급속한 출산율 저하로 고민에 빠진 우리 사회에 어쩌면 이 책의 출현은 전혀 달갑지 않은 일일지도 모른다. "요즘 같은 분위기에 출산을 장려하는 책을 쏟아 내도 시원찮을 판에……" 하고 혀를 차는 이도 있을 것이다. 하지만 이제 더는 아이를 낳지 않기로 한 여성들을 윤리나 자손번식의 의무 같은 원론적인

논리로 몰아세우지만 말고, 왜 여성들이 그런 결정을 내리게 되었는지, 또 내릴 수밖에 없는지 사회가 다 함께 이해하고 고민할 수 있었으면 한다.

난, 죽을 때까지 여자로 산다

초판 1쇄 인쇄 2010년 1월 29일
초판 1쇄 발행 2010년 2월 5일

지은이 수지 라인하르트
옮긴이 강혜경
펴낸이 서정돈
펴낸곳 성균관대학교 출판부
출판부장 한상만
편 집 신철호·현상철·구남희
디자인 최미영
외주디자인 아베끄
마케팅 장민석·송지혜
관 리 손호종·김지현

등록 1975년 5월 21일 제1975-9호
주소 110-745 서울특별시 종로구 명륜동 3가 53
대표전화 02)760-1252~4
팩시밀리 02)762-7452
홈페이지 press.skku.edu

ISBN 978-89-7986-826-5 03330